广州市哲学社会科学"十一五"规划课题研究

中等职业教育 **酒店服务与管理专业** 项目课程

U0670474

餐饮服务

CANYIN FUWU

主　编　麦毅菁

副主编　夏　薇

重庆大学出版社

内容提要

本书是中等职业学校酒店管理专业主干课程教材。依据项目课程的相关理论进行构建,教材内容设计突出体现餐饮服务员岗位职业能力,以酒店餐饮实际服务过程为主线,紧密结合行业和岗位的实际情况,突出餐饮服务的岗位技能和能力要求。全书分成餐饮入门须知、中餐零点服务、中餐宴会服务、西餐服务四大项目,选取了中、西餐服务的典型工作任务,以岗位工作任务为引领,每个项目由若干个子项目组成,子项目下设有若干任务;以中餐、西餐服务工作过程为主线,将完成服务工作任务所涉及的相关知识和技能贯穿起来进行讲解和介绍,同时辅以有针对性的学习或工作任务,让学生在完成任务的过程中对知识进行消化和理解,力求突出知识和技能的实用性,切实提高学生的专业素质与工作能力。教学内容注重与酒店餐饮工作的实际结合,并与职业资格鉴定要求相衔接,因此具有科学性、实用性和操作性强的特点。

本书是中等职业学校酒店服务与管理专业项目课程系列教材之一,也可作为中专学校相关专业及在职员工的自学用书。

图书在版编目(CIP)数据

餐饮服务/麦毅菁主编.—重庆:重庆大学出版社,2012.11(2023.12 重印)
中等职业教育酒店服务与管理专业项目课程系列教材
ISBN 978-7-5624-6767-0

Ⅰ.①餐… Ⅱ.①麦… Ⅲ.①饮食业—商业服务—中等专业学校—教材 Ⅳ.①F719.3

中国版本图书馆 CIP 数据核字(2012)第 110197 号

餐饮服务

麦毅菁 主 编
夏 薇 副主编

责任编辑:范 莹 版式设计:范 莹
责任校对:谢 芳 责任印制:张 策

*

重庆大学出版社出版发行
出版人:陈晓阳
社址:重庆市沙坪坝区大学城西路 21 号
邮编:401331
电话:(023)88617190 88617185(中小学)
传真:(023)88617186 88617166
网址:http://www.cqup.com.cn
邮箱:fxk@cqup.com.cn(营销中心)
全国新华书店经销
重庆愚人科技有限公司印刷

*

开本:720mm×960mm 1/16 印张:13 字数:234千
2012 年 11 月第 1 版 2023 年 12 月第 7 次印刷
ISBN 978-7-5624-6767-0 定价:35.00 元

◎ 系列教材编委会 ◎

主　任:付红星(广州市旅游商务职业学校党委书记、高级教师,中国烹
　　　　饪协会餐饮行业指导委员会委员,广东省职教学会旅游
　　　　专业指导委员会副主任,广州市旅游教研会会长)
副主任:苏敏琦(广州市旅游商务职业学校旅游管理系党支部书记、高级
　　　　教师,餐饮服务高级技师,广州市旅游教研会秘书长)
委　员(以姓氏笔画为序):
　　　麦毅菁　李伟慰　李绮华　张粤华
　　　陈丽敏　陈桂昭　范浩然　郑穗燕
　　　夏　薇　黄　丹　黄爱时

【总　序】

广州旅游业的地域优势,给酒店业发展创造了巨大的想象空间。目前国际排名前十位的国际酒店集团已陆续进入广东省,酒店行业形成了国际化的群雄纷争的局面。酒店业的迅速发展,给"酒店服务与管理"专业提出了新的要求,这种新要求不仅仅体现在对于酒店业人才的巨大需求上,更突出体现在对于酒店业人才"质"的要求上。

1. 酒店业的经营导向发生转变

酒店业已从提供基本的服务功能为主的产品导向,发展到以满足不同层次、类型需求为主的市场导向,进而趋向塑造服务品质为主的品质导向的高层次质量竞争,酒店的经营服务发展方向趋向综合性、多元化、多功能,以满足宾客追求更高层次的需求,如希望在酒店文化氛围中得到自尊和满足。以往,酒店企业需要的是"按部就班"完成接待任务的守纪员工,而现在更多的要求是"全才"型员工。

2. 现代科技成果运用于酒店的设备设施和服务方式

酒店行业科技含量正日趋提高,这就要求酒店业人才培养方面,在新课程的构建上突出对于新技术的应用,使学生符合行业科技发展的要求。

3. 酒店接待服务不仅要求规范化,更是个性化服务的竞争

中国饭店"金钥匙"组织的服务理念是要"在客人的惊喜中找到富有的人生",中职学校酒店服务与管理专业的学生就不仅要掌握规范的专业服务能力,而且还要具备良好的职业道德素养和结合专业的个性化服务,这样才能为宾客提供更加优质的服务。

酒店业发展的国际化竞争,对人才培养提出了更高要求,现有课程的设置与实施,由于注重技能训练而有利于标准化的学习程序,却忽视工作情境的创设,因而满足不了个性化、综合化服务的实践需要。因此,课程建设的方向就是让学生在创设的工作情境中开展以真实服务内容为载体的实践性学习,明确岗位指向,厘清职业标准,使教学与企业实际紧密结合,搭建人才培养与使用的"供应链"。

《旅游商贸类项目课程研究》是广州市哲学社会科学"十一五"规划课题,笔者作为广州市旅游商务职业学校课题主持人,在4个专业开展了深入研

究,其中《酒店服务与管理专业项目课程研究》荣获教育部全国"十一五"规划课题一等奖。该套教材作为课题研究的成果终于和大家见面了。

该套教材的特点是以培养职业能力为目标,通过对酒店服务领域的系统分析,按照酒店服务岗位的工作结构及岗位间的逻辑关系和课程结构作整体的设计,在完成学习与工作任务时达到职业能力的提升。课程内容以服务过程中知识结构关系组织,教师通过服务过程中设计的服务实践任务,有机融合实践与理论知识。由于理论知识的学习是建立在工作任务完成基础上,能够激发学生学习的成功感,提高学习兴趣,在完成工作任务的过程中,需要自主学习,小组合作,共同制订完成任务的方案,讨论任务实施的程序,培养学生合作、探究、研讨的能力,在真实服务任务的学习过程中完成了学生综合职业能力的培养。

该套教材在开发过程中得到了许多酒店行业专家的参与和支持,在此表示深深的谢意。

广州市旅游商务职业学校

付红星

2012 年 5 月

【前　言】

　　现代酒店业需要具有专业知识、技能以及具有创新能力的专业服务人才,中等职业学校传统的教育方式已不能满足现代酒店业对实用型人才的需求,教育课程改革的精神促使教育观念、教学方法、教学手段等方面的改革。本书是以项目课程为指导,以服务为宗旨,以能力为本位,以项目为线索,针对培养和提高餐饮服务人员的操作技能和综合素质而编写的中等职业学校教材。在项目课程课题组的指导下,根据新的职业标准编写的符合新课程标准的教材,融入了餐饮备课小组教师们多年的课堂教学实践经验,是对餐饮服务项目课程教学的实践总结,也是项目课程研究的成果之一。

　　本书内容立足于中职层次学生的学习特点,以学生就业为导向、以能力培养为本位、以岗位需要和职业标准为依据,致力于培养学生的职业能力,适应酒店行业发展和社会科技进步的需要。本书突出了学生在教学过程中的主体地位,老师在教学过程中的主导地位,使学生在实践中学习。通过对本书的学习,使学生在熟练掌握餐饮服务技能的基础上,掌握不同类型的中、西餐的服务规程以及对客户服务等技巧,具有胜任餐厅服务以及餐厅基层管理工作的能力,使学生具备较强的实践能力、创新能力。此外,在相关知识的延伸学习中,学生还可以拓展更多的餐饮服务及相关知识,为晋升高级餐厅服务师和从事餐饮行业相关工作奠定基础。

　　本书由广州市旅游商贸职业学校麦毅菁负责统编和修改。麦毅菁和夏薇负责本书具体内容的编写,具体分工如下:麦毅菁负责编写项目一、项目二;夏薇负责编写项目三、项目四。本书在编写的过程中,得到了广州市旅游商贸职业学校党委书记付红星女士、黄国庭主任、酒店服务与管理专业学科组组长苏敏琦先生、餐饮服务专家张粤华女士以及餐饮行业协会的大力帮助与支持,同时也获得了众多同行的鼓励与帮助,在此谨致衷心的感谢。

　　本书的编写人员在撰写的过程中走访了一些酒店,也参考了一些国内外的资料,由于编者水平有限,书中难免存在疏漏之处,敬请广大读者批评指正。

编　者

2011 年 6 月

目录

项目一 餐饮服务入门常识

学习目标

● 了解餐饮服务业，知道餐饮服务的定义；

● 能阐述餐厅的分类及其特点；

● 能履行餐饮从业人员岗位职责，初步规划职业生涯。

任务一 认识餐饮服务业

活动:以学习小组为单位,讨论当你听到"餐饮服务"一词时,你的脑海中会展现出怎样的情景? 人们日常生活的改善对餐饮服务工作提出了哪些要求?

要求:各小组在讨论的基础上,用几个关键词概括对中国餐饮业的认识,并在课堂上派出组员对关键词进行解说,同时与其他小组交流意见与看法。

【相关知识】

一、餐厅

餐饮是人类生存与发展的基础,是人类生活中最基本、最重要的活动之一。而"餐饮"一词通常指食物、菜肴与酒类、饮料,而出售这些产品并提供相关服务的地方,如餐馆或酒店的餐厅等就属于餐饮行业。餐饮服务业是一个由各类餐饮服务企业构成的规模巨大的行业,它为离家外出的人们,甚至居家的人们提供各种饮食与服务。

餐厅(restaurant)一词出自拉丁语,原意为滋补、提神。1765 年,法国巴黎一位开肉汤馆的老板将"restaurant"写在招牌上悬于店外,寓意吃了此家肉汤馆的菜肴能获得精力、体力的恢复,以此招揽客人。restaurant 一词的内涵后来逐渐扩展演变成为顾客提供食物、休息及恢复精神与元气等相关服务的场所。后来,巴黎的餐饮同行纷纷效仿,"restaurant"首先在法国,继而在欧洲,最终在全世界成为餐厅的专用名词。

随着社会的进步、人们生活水平的提高以及旅游业的发展,各类餐厅应运而生。尽管各家餐厅的主题定位不同,餐厅的设施或简单或豪华,但都必须具备向消费者提供膳食的能力。因此,餐厅被定义为:公开地为一般大众提供食物及饮料的设施和公共就餐场所。餐厅的设施、服务是构成餐厅的基本条件。因此,餐厅就是在一定的场所公开对普通大众提供膳食及饮料等的经营性设施,它必须拥有一定的营业场所,设有接待就餐者的空间及生产、供应餐食的设备。它供应膳食、饮品等,并配有相应的服务,它的所有行为均以经营获得利润为最终目的。

由此可见,餐厅是通过出售服务、菜肴来满足客人饮食需求的场所。餐厅必须具备以下 3 个条件:

①一定的场所。即拥有一定的接待能力的餐饮空间和设施。它既要保证交

通和停车方便,还能为一般社会大众提供食物与饮料及休息场所。

②提供食物(菜肴)、饮料和服务。食物、饮料是基础,而餐饮服务是保证。

③以营利为目的。餐厅是饭店的利润中心之一,所有行为均以营利为最终目的。作为餐厅工作者应致力于节约成本,扩大客源,适应不断改变的竞争市场,为企业提高经济效益。

二、服务

服务(service)一词在法语中本来是指菜单中一组菜式,后来转变为提供餐点上桌服务客人的方式。要求服务人员在客人到达前,铺好餐桌,摆好餐具,做好餐厅的清洁工作;当顾客到达餐厅后,引导顾客入座,为顾客点菜、端菜、分菜、倒酒及设法让顾客很开心地在服务人员的服务之下用餐,并使顾客以怀念的心情,高高兴兴地离开餐厅。

而《牛津英语词典》中将"服务"一词阐述为"一种助人或济人的行为、乐善友好行为的具体表现"以及"关心他人福利或利益的行为"。要求服务人员以最亲切与礼貌的态度去服务顾客,而且处处为顾客着想,随时为顾客提供必要的帮助,使顾客享受到宾至如归的舒适气氛。

三、餐饮服务

餐饮服务是餐饮服务员为就餐客人提供食品、饮料的一系列行为的总和。它包括与客人面对面的前台服务和客人视线所不能到达的厨房、洗涤、采购、财务等地方的后台服务。后台服务是前台服务的基础,前台服务是后台服务的继续和完善,两者相辅相成,缺一不可。

从服务功能的视角上看,规范化和标准化始终是餐饮服务的程序特征。服务过程要体现及时服务、针对性服务和心理服务。及时服务指在服务时间上减少宾客的等候,不断提高服务效率;针对性服务强调对不同的顾客要灵活服务,不能采用千篇一律的方式;心理服务属于餐饮服务的高级形式,包括个性服务和无干扰服务等创新形式,要求餐饮服务人员具有较高的服务素质与能力,在了解宾客心理需求的前提下,通过体现科学与新颖特点的服务方式去满足宾客的精神需求。

[知识拓展]

餐饮部在酒店中的地位与作用

1. 餐饮部是酒店的一个重要组成部分

酒店是向旅游者提供就餐、住宿等多项综合性服务的企业。旅游者最基本的需求是:食、住、行、游、乐、购,而饮食在六大需求中为首位。有人说:到北京不吃烤鸭等于没到北京。可见,餐饮也是旅游活动中的一个重要内容。因此,对于旅游者来说,不为他们提供餐饮服务的酒店算不上真正的旅游酒店。搞好餐饮服务与管理,不但能以美味可口的饮食和热情周到的服务满足客人的需求,也为酒店创造经济效益和社会效益。

餐饮部除了接待国内外旅游者、商人、各种办事人员外,当地的一些居民,他们可能从未在酒店住宿,但常常会在酒店的餐厅就餐或参加宴会。因此,一间稍具规模的酒店都有若干个形式各异的餐厅,以满足各种客人的需求,客人也能够根据自己的需求来选择适合各自饮食习惯的餐厅,同时也增加住店客人的信心。

因此,向顾客提供食物饮料、用膳场所和服务的餐饮部,是酒店的一个重要组成部分,是必不可少的业务部门。

2. 餐饮服务直接影响整个酒店的声誉

餐饮部服务的对象不仅是本酒店的住客,还包括大量的当地居民或外来观光的客人。因此,餐饮服务质量的好坏,其影响广泛深远。它不但影响餐厅的声誉,还对整个酒店的声誉产生极其重要的影响。

餐饮客人不但对菜品的味道加以品评,而且对上菜方法、服务好坏都进行评论,有些不满意的客人很少提出批评,他们干脆走掉而以后再也不来了。因此,服务员既能为企业招揽顾客,也能使企业失掉生意。由此所产生的后果也就可想而知了。

美国旅游酒店业的先驱斯达特勒先生曾说过:"酒店从根本上说,只销售一样东西,那就是服务。提供低劣服务的酒店是失败的酒店,而提供优质服务的酒店则是成功的酒店。"酒店的目标应是向宾客提供最佳服务,而酒店的根本经营宗旨也就是为了使宾客得到舒适和便利。因此,只有通过提供精美的食品、优雅的环境、良好的服务,使顾客进入美好的饮食境地,感受意想不到的满足,给客人留下良好的印象,在客人中形成口碑,才能提高酒店的声誉。

3. 餐饮部收入是酒店的重要来源之一

随着现代酒店的发展,餐饮部在酒店中的地位与餐饮部获得的收入利润已成正比。餐饮收入一般占酒店总收入的30%～40%,在旅游淡季,餐饮部通过各种促销活动,如举办食品节、推出特惠价格等吸引当地居民和旅客,使餐饮部收入甚至可以超过平时占主体的客房收入。因此,通过扩大宣传、推出有特色的餐饮产品、增加服务项目、严格控制餐饮成本和费用、节约开支等手段,可为酒店创造可观的经济效益,它也成为平衡酒店经营季节性差异的重要手段之一。

到目前为止,餐饮部以多层次的经营手段吸引不同类型的消费对象,使餐饮部成为具有仅次于客房租金收入的进账、销售方式多样化的部门。

4.餐饮部的工种多,用工量大

酒店是个劳动密集型企业,而餐饮部的业务环节众多而复杂,生产过程从餐厅原材料的采购、验收、储存、发放,到厨房的初步加工、切配、烹调,再到餐厅的各项服务工作,需要许多员工共同配合才能做好。因此,餐饮部的多工种和用工量大的特点为社会创造了众多的就业机会。

由此可见,餐饮部在满足各类宾客的需求,提高酒店的经济效益和社会效益等方面都发挥了重要的作用。

【思考与练习】

现代餐饮服务有哪些改革创新? 请举例说明。

任务二 认识餐饮设施的分类及其服务项目

【想一想】

本地区有哪些不同类型的餐饮企业,并指出其经营特点。

【前置作业】

活动:选择有代表性的你所喜爱的两个餐厅,注意收集这些餐厅的特点及详细情况说明。

要求:在独立思考的基础上,在学习小组内进行讨论与交流,各组代表阐述讨论结果并交流观点,演讲的最后部分需涵盖对餐饮业发展趋势的看法。

【相关知识】

一、餐饮设施种类

餐饮部是酒店重要的营利部门,其餐厅的设施配备、装饰布局、服务项目等因素是否让宾客满意,是决定酒店星级评定的必要条件。

作为一名餐厅服务员,要在不同的服务岗位上,根据客人的个性化需求,为客人提供优质的服务。按照国际惯例,餐厅可以根据其不同的服务方式、经营方式、供应品种、供应时间以及它的点菜方式等进行分类。根据餐饮产品的特点,常见的餐饮企业类型有:

中餐厅,也称为酒家、酒楼(gourmet restaurant)。中餐厅是星级酒店的主要就餐场所,一般经营粤、川、鲁、苏、湘、京等中国菜系,向客人提供不同规格档次的餐饮服务。中餐厅除了向客人提供中式菜点外,其就餐氛围和服务方式,一般都体现出中国浓厚的餐饮文化特色,如图1.1所示。

西餐厅(western restaurant)。在西餐厅,多以经营法、意、德、美、俄式菜系为主,同时兼容并蓄,其中又以高档法式餐厅最为典型。高档法式餐厅,又称扒房,主要以法式大餐为菜品核心,美食佳酿,相映生辉,烹饪技术水平高超精湛,擅长客前烹饪,以渲染气氛,如图1.2所示。

图1.1 中餐厅

图1.2 西餐厅

咖啡厅(coffee shop)。咖啡厅属于小型西餐厅,主要经营咖啡、酒类饮料、甜品点心、小吃、时尚美食等。咖啡厅的营业时间较长,一般24小时全天营业,服务快捷,价格适中,经营面向大众群体,如图1.3所示。

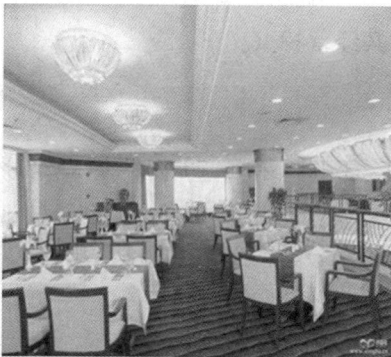

图1.3 咖啡厅

主题餐厅(theme restaurant)。以不同民族和不同地域的餐饮文化为主的餐厅,具有鲜明的地域性、宗教性、历史性和文化等特性,无论在传统餐饮文化的继承和发展方面,还是在服务员的民族特色服饰和业务技能水平上都别具特色。

风味店(specialty restaurant)。

快餐厅(fast-food restaurant)。

酒吧(bar/pub)。

饭堂(canteen)。

二、餐饮服务项目

服务项目指的是向客人提供的服务内容,以满足客人在酒店中的需求。服务项目是随着客人的需要而变化的,任何一家酒店都不可能百分之百地满足客人的要求,因此要尽量协调好成本和客人需求这对矛盾。

酒店中的餐饮服务项目大致分为普通服务项目与特色服务项目两类。

1.普通服务项目

按餐饮场所设施的功能可分为：

①中餐早餐、零点餐、套餐。

②中式宴会服务。

③西餐早餐、正餐。

④西式宴会、冷餐会、鸡尾酒会服务。

⑤自助早餐、自助正餐服务。

⑥会议服务。

⑦酒吧服务。

2.特色服务项目

①客房送餐(room service)。

②外卖服务(outside catering)。

③主题庆祝服务(theme parties)。

【知识拓展】

餐饮部的经营,除了餐饮服务之外,还承担着即制即销加工烹制的食品和饮料的业务。这些实物产品,需一定的生产设备和销售场所,并通过服务的各个环节按程序配合完成。

一、餐饮生产特点

1.产品规格多、批量少

餐饮产品的花色品种有数千种,而每一品种的烹制方法各不相同。用同一种原料生产出来的菜肴,其品种规格也是多种多样。如,中国菜可分为地方菜、宫廷菜、官府菜、民族菜、寺院菜、药膳等;按流派可分为京、川、苏、粤、鲁、湘、闽、皖等;按地理位置可分为山东菜、四川菜、江浙菜、广东菜。

另一方面,餐厅所销售的产品,除一部分点心外,其余大部分是在客人进入餐厅后,按照客人的要求烹制生产,否则,生产数量太多或花色品种不对路而卖不出去,企业将蒙受损失。因此,餐饮产品不能与一般商品一样依照一定的规格或标准进行大批量的生产。

2.生产时间较短

餐饮产品的生产、销售、消费、收款等连续过程是在同一地点完成的,整个过程所花费的时间大约一两个小时就足够了。

再者,产品烹制出来必须马上出售,所谓"现炒现卖",这样才能保证产品的色、香、味、形。因此,要求餐饮从业人员要有紧迫的时间观念,把生产和销售结合在一起,在最短的时间内生产、销售符合客人要求的菜肴品种。

3. 生产量难以控制

每日每市到餐厅进餐的客人及消费额都是一个未知数,很难预测,因此,餐饮部的生产量随机性很强。餐厅只能按照现有设备的接待能力,以及保本点做粗略的推算,再根据淡旺两季预测最低、最高和一般销售量,以保证食物原料的充足又不造成浪费。

4. 产品原材料易变质、腐烂

餐饮产品大多选用鲜活原料,具有较强的时间性和季节性等特点。部分原料还极易变质、腐烂,特别是在炎热的夏天,有的原料几小时就开始变质变味。因此,原料的购买一定要以精心设计的菜单来控制,根据菜单分析,研究菜点的销售、成本和利润情况,从而购买相应的原料,以避免浪费而造成的成本增加。

5. 生产过程管理难度较大

餐饮部的生产,从食品原料的采购,到验收、贮存、保管、领用、粗加工、切配、烹饪、销售服务和收款,整个过程中业务环节多,任何一个环节出现差错都会影响产品质量,所以给生产管理带来较大的困难。

要搞好生产过程的管理,应注意以下 3 个方面:

①掌握客源,以销定产;

②合理核定食品原料的需要量;

③严格把关,合理加工。

二、餐饮产品销售特点

1. 销售量受经营场所大小限制

餐饮生产的最终目的是销售,并且不仅需要客人到餐厅来购买,而且需要客人就地消费。但餐厅的销售量受生产设备、经营场所大小的限制。特别是在客人进餐时,不能催促客人,即使用餐完毕也不能要求客人马上离开,因而客满时,就很难提高翻台率,销售量也就受到了限制。餐厅必须采取积极的措施,加速菜点的供应,提高服务效率和服务水平,加强促销,提高餐厅翻台率和客人的消费量。

2. 销售量受进餐时间限制

一般人一日三餐,其就餐时间大致相同,就餐时间一到,餐厅挤满了客人,就餐时间一过,餐厅冷落空寂。因此,应积极引导客人消费,充分利用正常用餐以外的时间,才能使餐饮部的销售量得以提高。

3. 销售量受顾客饮食需求变化的影响

随着生活水平的提高,价值观的改变,人们对饮食的需求也在不断变化。而不同年龄段的客人、不同职业的客人等,其口味需求都不同,对菜式品种要求也不一样,餐厅要满足各类客人的饮食需求,就要在菜式品种上求变化,使供需之间能得到平衡。

三、餐饮服务特点

餐饮服务是指餐饮部工作人员为就餐宾客提供食品、饮料和服务的一系列行为。餐饮服务一般具有以下几个特点:

1. 直接性

餐饮服务人员,每天需要与宾客直接接触,其服务态度、操作技巧等直接、客观地展现在宾客面前;其举手投足,只言片语都会在宾客心目中产生深刻的印象。而餐饮服务的质量高低往往是在客人享用餐饮产品和服务后,凭其个人的满足程度来评价其优劣,生产者与消费者是当面服务、当面消费,服务的好坏,立即受到客人的当面检验。这种面对面的直接服务和消费特点,对餐饮部的物质条件、设备、工艺技术、人员的素质及质量等提出了更高、更直接的要求。因此,餐厅服务人员必须要有较强的服务意识,因人而异,为宾客提供各种不同需求的服务。

2. 同步性

一般的物质产品,在商品经济社会中,由生产到消费不是直接的,而必须通过流通领域来实现。餐饮市场则是先有买主后生产,生产过程就是宾客的消费过程,现生产现销售。同时餐饮服务也只能一次使用,当场享受,过时则不能再享用了。

同步性决定了餐饮产品不可能贮存,也不可能外运。所以,餐饮部在考虑生产环境外,还必须考虑餐饮产品的销售环境,并注意充分利用产品当场推销的机会,既为客人提供热情、周到、细致的服务,又为餐饮部推销更多的产品。要积极扩大客源市场,使宾客的需求尽量接近酒店的接待能力。

3. 差异性

餐饮服务的差异性是指餐饮服务因不同的人员、不同的场合、不同的时间及不同的服务对象等因素形成的服务差异。针对这一特点餐饮部必须制订餐饮服务质量标准,加强员工的职业培训,使餐饮服务达到服务规范化、质量标准化、管理制度化。

在餐饮部提供给客人的食品、饮料和服务中,服务是最重要的一部分,客人对服务质量的好远比对食品、饮料的好坏敏感得多。那么,怎样的餐饮服务才算是优质的服务? 有人用这样的 7 个字母来表示:

SERVICE　　　　　　　　服务

S—sincere　　　　　　　诚恳

E—efficient	有效率
R—ready to serve	随时准备服务
V—visible & valuable	有形的和物有所值的
I—information	提供资料
C—courteous	有礼貌的
E—excellent	优质(达到以上六点,则离良好服务不远了)

可见,餐饮服务不是一个简单的操作过程,是服务人员凭借酒店的设备设施、环境气氛,通过优质服务,向宾客提供服务和实物产品,从而满足宾客精神和物质需求的复杂过程。因此,餐饮经营服务更应根据具体情况有针对性地提供优质服务。

【思考与练习】
1. 酒店餐饮服务有哪些发展趋势?
2. 怎样才能有礼貌地加快座位的周转?

任务三　餐饮组织及服务人员

【想一想】
餐饮服务有哪些工作岗位? 主要做些什么?

【前置作业】
活动1:以学习小组为单位,通过多种途径调查某酒店餐饮部门,收集有关酒店餐饮部门组织结构的知识,并绘制一幅自己认为最好的酒店餐饮部门组织结构图。

要求:小组内交流后提交总结报告,派组员向全班同学解说,同时回答其他组员的提问和质疑。具体形式如下:

- 我的途径:
- 我的发现:
- 我的例子:
- 我的收获:

活动2:案例导入,以小组为单位进行研讨,归纳出优秀服务员应具备的素质。

要求:小组内交流结果并提交一份总结报告,派组员向全班介绍所在小组案例研讨的成果,并接受其他组员的提问和质疑。

【相关知识】

一、酒店餐饮组织机构

由于酒店的规模和设施、设备不同,酒店餐饮部的组织结构也不尽相同,但每个酒店餐饮部管理的范围和职能大致相同。

常见的酒店餐饮部组织结构如图1.4所示:

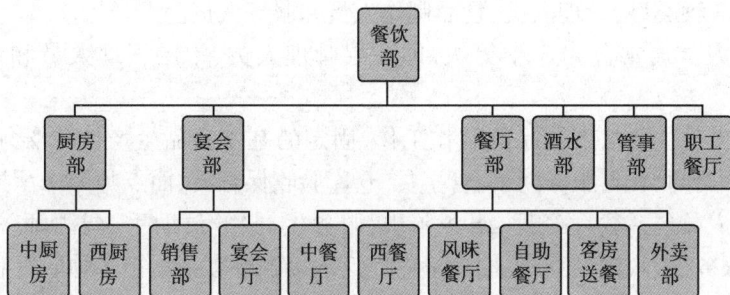

图1.4　酒店餐饮部组织结构图

餐饮部各部门及主要职责:

1. 厨房部

厨房部是酒店的主要生产部门,负责中、西菜点的准备与烹制,还要负责厨师的培训、菜点的创新、食品原料采购计划的制订及餐饮成本控制等工作。

2. 宴会部

宴会部负责接受宾客的预订,承办各种类型的宴会、酒会、茶话会及招待会,并根据主办单位与宾客的要求及宴会的规格标准,提供完整的宴会服务。

3. 餐厅部

餐厅部以服务形式直接向宾客销售食品、饮料。根据不同客人的需求,餐厅部设有各种形式的餐厅,如风味餐厅、自助餐厅、咖啡厅、酒吧等。

4. 管事部

管事部是餐饮部的后勤部门。负责厨房、餐厅、酒吧等处的清洁卫生,承担餐具、用具、器皿的洗涤、消毒、保管及控制,同时还负责将餐厅的各种布草送交洗涤部门进行洗涤。

5. 采购部

采购部是餐饮部的物资供应部门,根据餐饮部经营品种与特色,及时了解和掌握市场信息与行情变化,适时、适量、适度、适价地为餐饮部组织货源,并负责各种物资的验收、储存、领用发放等工作,保证餐厅经营的正常运转。

二、餐饮服务工作岗位

餐饮业是劳动密集型行业,包括的范围很广:大到宾馆、饭店、机关与学校食堂;小到茶馆、酒吧、饮食摊点、大排档等,因此,需要大量人员来从事这项工作。由于就餐客人的层面不断提高,客人的个性化需求也越来越多,服务员的岗位也越来越细,职责范围也越来越明确。

餐饮企业的人员组织由于规模和经营方针的不同而不同,但餐饮服务人员一般可分为3种类型:管理人员、食品制作人员和服务人员。

管理人员通常分为3个等级,即高层管理人员、中层管理人员和低层管理人员。

生产人员主要从事食品的制作工作,固定的基本食品生产任务必须由总厨、厨师、助理厨师、餐具服务助手、管事员、仓库验收保管员、面点师等来承担。

服务人员包括餐厅经理、服务领班、服务生、服务员助手、调酒师、酒吧服务员、酒水服务生、收银员等,他们大量而广泛地接触顾客并承担多种职责和工作。

餐饮部的工作环节多,各部门必须保证其各种业务活动能在统一指挥下步调一致。在组织上,要保证一位员工只接受一位上司指挥。在权责方面,做到逐级授权,分层负责,权职相称,权责分明。工作人员职责就是通过与这个组织的协作和共同工作,帮助管理人员达到餐厅的目标。在这个协力合作的集体中,每个人的作用都是重要的,对整体都发生影响。

由于酒店的规模和设施、设备不同,酒店餐饮部的组织结构也不尽相同,但每个酒店餐饮部管理的范围和职能大致相同。不同的岗位有不同的岗位职责,每位服务人员都应熟悉自己的岗位职责。

1. 餐厅领班(captain)

①检查属下员工的仪容仪表及出勤状况,巡视餐厅环境卫生并落实卫生工作计划。

②了解当日厨房供应情况及客情,熟悉餐厅菜式品种及酒水供应品种,全面控制本服务区域内客人用餐情况,带领本组员工按服务规程和标准为客人提供服务。

③开餐前检查餐台摆设,收餐后检查餐柜内餐具备放情况,做好餐前和餐后的准备工作及收尾工作。

④随时注意餐厅动态,搞好现场督导工作,遇有重要宴会,亲自为客人服务。

⑤接受宾客投诉及进行适当处理,并及时向餐厅经理反映。

⑥定期对本班员工进行绩效评估,对属下热情帮助,耐心辅导,并组织实施培训。

2. 餐厅值台员，也称侍应生（waiter／waitress）

①负责开餐前的准备工作，布置餐厅和摆台，并做好餐具、布草、杂项的补充替换。

②熟悉菜式品种及酒水，接受客人的点菜点酒水，积极做好推销工作。

③熟悉各种服务方式，严格按照服务和规格进行服务。准确地为客人上菜、分菜、斟酒等。

④负责宾客就餐后的结账、清理台面等工作，做好营业结束后的收尾工作。

⑤积极参加培训和训练，不断提高服务技能和服务质量。

3. 餐厅迎送员（hostess）

①掌握餐厅当天的餐桌安排情况，接受零星客人的电话订座或来人订座，填写好宾客订座簿。

②热情有礼地使用敬语，微笑迎客，主动询问客人人数、将客人引领到适当的就餐位置，客人离开餐厅时应微笑道谢。

③熟记酒店的服务设施和项目，以便解答宾客的询问。

④熟记 VIP 客人和常客的姓名、习惯、喜好，编写就餐客人的资料。

⑤负责做好指定范围的公共卫生，参加餐前准备和餐后整理工作，统计好当班就餐客人人数。

4. 餐厅传菜员（pantryman／runner）

①负责将订菜单送厨房，并按照上菜顺序准确地将菜肴送到各餐桌。

②开餐前负责准备好调料、佐料和传菜用具，做好出菜前的准备工作。

③协助值台员将工作台上的脏餐具、空菜碟撤回洗碗间并分类摆放。

④负责配餐间和规定区域的清洁卫生。

⑤掌握各种菜肴所需的器皿及端送方法，负责清洁保管各种传菜用具及点心车。

⑥负责保管订餐菜单，以备核查。

5. 酒吧调酒员（bartender）

①开餐前准备好酒水车和酒水展示台。

②熟练掌握酒吧各种工具、器皿使用方法，正确调制各种流行鸡尾酒，保证饮料质量。

③认识、了解各种酒水的特性，饮用方式，善于向客人推销酒水，做好服务。

④负责擦净酒吧的酒杯和服务用具，搞好清洁卫生，保养各种设备。

⑤负责当日盘点，开出领货单，记录每天卖出的酒水及雪茄烟等，做好收吧结束工作。

6. 餐厅收款员（cashier）

①自觉遵守财经纪律、财务制度。每天进行现金盘点，发现问题及时报告，做

到账款相符。

②掌握现金、支票、信用卡签单等结账方法和结账程序,熟练使用收款机。

③熟悉餐厅各类酒、菜、饮料等的价目,以便更快捷地为宾客服务。

④每天营业结束,统计当天营业收入,填写餐厅营业日报表,当天收入当天上交财务部。

⑤保存好所有账单,并交财务部以备核查,保证所有账单联号一张不缺。

⑥开市前后搞好收款岗内外环境卫生。

从图1.5的组织结构图中可以了解一个企业中各类工作岗位之间的关系。

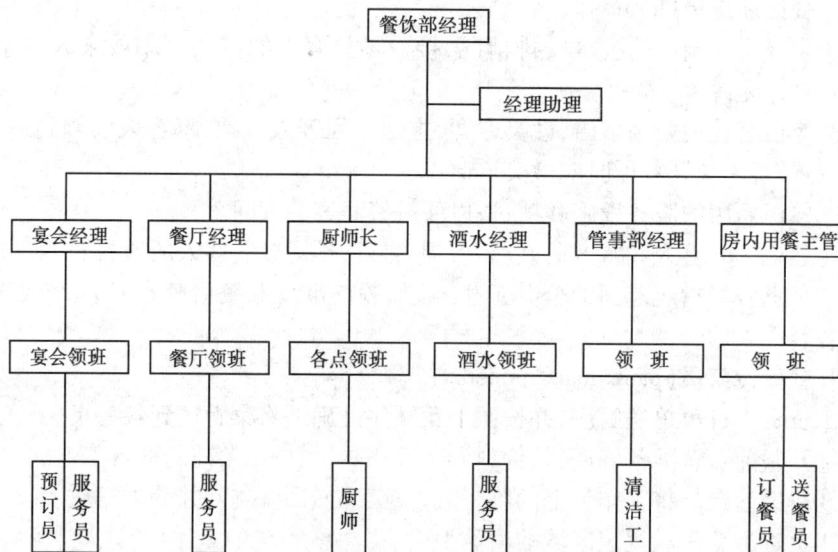

图1.5　餐厅组织结构图

三、餐厅服务员应具备的素质

【案例导入】

小李是某五星级酒店的一名餐厅实习生,一次,她正在餐厅实习时,看到邻桌的服务员将一盘菜递给两位客人,其中一位客人皱了皱眉头,拿起筷子却没吃,只是不停地观望着邻桌的一盘菜。她马上问那位客人:"先生,您是否喜欢那盘菜?"客人忙答:"是啊,是啊。"客人已点了菜,既不愿吃前一道,又不好意思提出换另一道菜,小李看出了他的矛盾心理,觉得客人的要求应尽量满足,便主动为客人换了菜。当她给客人端上一盘客人想要的菜时,客人立即站起来,竖起大拇指说:"谢谢,你的服务太棒了!"

[想一想]

本案例中,实习生小李体现了服务人员的哪些基本素质?

酒店服务质量水平的高低,餐厅经营的成功,有赖于服务人员的技能和素质。而舒适的就餐环境和气氛来自于服务人员热情礼貌的接待;精美可口的佳肴;服务人员恰到好处的介绍;服务人员丰富的菜肴知识和轻快有效、诚心诚意的服务。餐饮服务人员应具有热爱本职工作,全心全意为顾客服务的职业道德,还应在服务工作中不断地提高业务素质,使之具有良好的服务意识和姿态。

(一)仪容仪表

仪容仪表是人的精神面貌的体现,还包括容貌修饰、个人卫生及着装。

1. 仪容要求

①头发:女服务员头发要求整洁,发型大方得体,工作时不散发披肩。要求男服务员发尾不盖耳,长不过领,不留大鬓角。

②脸部:女服务员要求淡妆美容。男服务员应每天刮脸修面,不留胡须。

③手:保持清洁,不留指甲,不涂指甲油。

④饰物:工作期间不戴项链、耳环、手镯,只许佩戴手表和结婚戒指。

2. 仪表要求

①制服:工作制服要整洁无油污、无缺损。女服务员穿裙子时应穿长筒肉色丝袜(穿旗袍时应穿肉色裤袜),无抽丝钩洞。男服务员穿西装要打领带或领结,白衬衫要洁白。

②鞋:穿着统一的黑布鞋或黑皮鞋,皮鞋要擦亮擦净,布鞋要干净。

③胸卡:上岗时佩戴好服务胸卡(工号名牌)。

3. 个人卫生

餐厅服务人员要特别注意个人卫生。服务人员必须经常洗澡,经常更换内衣裤及袜子,保持身体清洁无异味。如出汗多者,可用止汗剂,但不要过量使用气味浓烈的香水或古龙水。

上岗前,忌吃辛辣刺激的食物,如生葱、大蒜等,因这类食物食用后容易产生口臭。

(二)服务姿态

姿态包括站姿、走姿、坐姿、手势、笑容,等等。人是一个活动的实体,姿态是人在活动中的方式方法,应具有一定的规范性。它不仅是个性的一种表现,反映一个人的修养气质,而且还是文明程度的标尺,包含着审美功能。

1. 站姿

餐厅要求服务人员站立服务。站立时,双臂自然下垂,两手背后交叉或双手在腹前相握或垂置于裤缝,站姿端正、收腹挺胸、目光平视。女服务员站立时,双脚呈 V 字形;男服务员站立时,双脚靠拢,中间有一拳间隔。

站立时,双手不可叉腰或抱在胸前,身体不可倚靠餐台、柜台或墙边。

当你碰到这样的服务员,你的感知是如何,是否有以下的同感:

背着双手,对于你的到来无动于衷——闲散无事、消极等待。

两腿在不停地摆动——心神不定、焦急不安。

手不停地摸着凌乱的头发或是抓耳挠腮——显然是没有把握的表示,无能为力地拒绝。

不同的岗位,不同的场合,采取不同的站立姿态。常有姿态:正立、握指式、握腕式、背后握指式或握腕式、"请"的姿势、调节式站立。

2. 走姿

良好的步态是翩翩风度的重要组成部分。餐厅内行走要求走直线,两脚的轨迹为一条线或两条紧邻的平行线,两脚之间的跨度为一个脚足距离。走时步履轻稳,收腹挺胸,头正肩平上身直,目光平视及注意行走路线,面带笑容,双臂自然摆动。服务员的行走规则:迎客走在前,送客走在后,客过要让路,同行不抢道。

行走时切忌摇头摆肩,扭身踢腿;不要从客人中间穿行;两人同行不要成排,不要扒肩拉手、搭背搂腰;通道行走靠右一侧,遇客人要礼让先行。

3. 坐姿

坐姿端正,立腰收腹,头正肩平,目光平视,手自然放在双膝上。女服务员穿裙子时双脚应并拢斜放或平直放,双手自然摆放在腿上。

4. 手势

餐厅服务中常常会运用手势为客人服务。如引路,指示方向,撤换餐碟,介绍菜点等。

指示方向时,手臂伸直,手指自然并拢,掌心向上,以肘关节为轴,指向目标。同时眼睛要看着目标并兼顾宾客是否看到指示目标。为客人指示方向时,忌用一个手指指点。

5. 微笑

脸部表情表达了人们内心的思想感情。餐厅服务员在工作中,要求面带微笑,热情有礼。上岗之后要及时进入"角色",忘掉一切烦恼和不快。

(三)服务语言

语言是人们表达意愿、交流思想感情的交际工具。餐厅服务人员每天需要直接与宾客接触,而语言在服务员与宾客交流沟通中起着非常重要的作用。因此,要求服务员主动热情、谈吐文雅、语调亲切、音量适度、讲究语言艺术。还要根据不同的接待对象,灵活用好敬语、问候语、称呼语、应答语等,向客人提供自然、体贴的有声服务。

(四)行为举止

①餐厅所有员工上下班必须从员工通道口出入;不能使用宾客用的电梯、洗手间。

②不得在宾客面前与同事窃窃私语、交头接耳;不得讥笑宾客的外形;当班时不许嚼口香糖、抽烟;上班前或工作时不允许喝酒。

③不得使用餐厅电话谈私事,不可伏在餐桌上开单,不要将托盘放在宾客桌上。

④不可在有客人的场合叉腰、手插口袋、吹口哨、剔牙、搔头、挖鼻孔、伸懒腰、打呵欠、吃东西等。

(五)业务素质

从事餐饮业无论是厨师还是餐厅服务员,都要有强烈的服务意识和端正的服务态度;有热情、开朗、乐观的心理品质;有民族自尊心和民族自豪感;能严格遵守职业纪律;能自觉抵制精神污染和金钱的腐蚀。

在文化知识方面,要具有初中以上文化程度;了解心理学、社会学;具有一定的原料、营养学、卫生和经营管理方面的知识;如果在涉外饭店工作,还要有一定的外语会话能力。服务员应该不仅对本饭店经营的饭菜和酒水有足够的了解,还要对饮食知识、文化有一定的认识,才能满足不同群众、不同层次顾客的需求。在生理方面,要求味觉、嗅觉灵敏,动作反应迅速,双手及眼手协调能力强。无色盲、无口臭、无口吃、无皮肤病、无传染病。对于服务员还要求五官端正、言语流畅。餐饮业是窗口行业,要求从业者必须具有良好的个人修养。注重仪表、整洁大方、懂得礼仪。穿着打扮要合适、合体、合度,保持饱满的精神状态。

四、餐饮服务人员的职业生涯

每个人都有不同的习惯,因此,就会有不同的职业追求和机遇。如果你是一位从事餐饮服务的员工,并且想知道下一步往何处走,你可以审视一下组织结构图中晋升的机会。随着你在组织结构层级中的晋升,职位对你的要求会更高,工作对你会更具有挑战性。但是,你的收入和福利待遇也会随之提高。

目前餐饮行业还没有建立起行业所需的职业晋升制度,因此,你朝什么方向努力,如何前进,就要明确以下几点:①你想从事何种职位的工作;②你现在处于什么职位;③你面临哪些机会;④你的技术、能力、态度、兴趣如何。在所有的组织层级上都需要有处理人际关系的技巧,这是非常重要的。餐饮服务是与人交往的企业,能与他人合作工作,并能借助他人,往往会使你的提升比仅仅集中在技术钻研方面更快。

【想一想】

人们对餐饮服务业都有哪些正确的和错误的认识?

餐饮业各个领域的快速发展带来了劳动力的持续短缺,这将产生出大量的不同类型和不同管理层级的工作机会。如果你想步入这个激动人心的行业,极好的机遇就在你的面前。

餐饮服务是一个有特色的职业,因而更多地掌握你所看重的岗位知识和技能是十分重要的。让我们进一步明确餐饮业的一些特点:首先,不管你处于何种职位、何种组织层级,餐饮服务工作是很艰苦的。组织层级较低的职位,必须对许多重要而又难以实施的问题作出决策。所有餐饮服务行业的从业人员,其工作时间可能都会很长,其他人进行娱乐活动的时候正是他们工作的时间,而且一般都在夜晚、周末和节假日。

有些人可能感到服务工作低人一等。餐饮服务业需要向顾客、病人、当地的居民和其他各类人员提供服务。如果你认为向他人提供服务是不光彩的或社会地位较低,那么餐馆服务业的工作可能对你是不适合的。从另一角度看,有机会帮助他人,对很多人来说也是一件令人羡慕的事情。

有些旁观者抱怨餐饮服务业提供了许多没有发展机会的职位。但是,在最底层的工作岗位上并不是没有发展机会。人总是能够在组织中进步的,一旦有人成为某个岗位的行家能手,提升的机会就会提供给那些想得到提升的人。

餐饮服务业的初级岗位的工资和薪金报酬通常高于最低工资水平,那些劳动力供不应求的岗位更是如此。餐饮专业的毕业生或学院毕业生决定选择某一职业时,不但关注起始工资有多少,更应关注从现在开始到5年后将能获得的报酬和福利是多少。

餐饮服务企业遍布世界上大多数国家,餐饮从业人员通常比起工作在其他行业的人员更容易获得地理方面的优先权,在哪里都能找到工作机会。

不论你进入餐饮业的哪个部门,工作具有挑战必是一种极大的激励。

若你是一名在校的学生,但已经坚信餐饮服务业是你的未来职业。为获得更丰富的信息,你应该与你所在学校的教师、负责就业推荐的人员以及当地企业的经理交谈并请教有关就业机会的问题。如你对餐饮服务业感兴趣的,可以通过旅游酒店教育课程的学习,入行之后,随着你工作经历和行业知识的不断增进,将会有许多职位提升的机会供你考虑。

【思考与练习】

1. 请举例说明餐厅服务员承担的主要职责。
2. 服务领班的基本职责是什么?
3. 从事餐饮服务工作的人员可分为哪三种基本类型?
4. 在食品制作人员的队伍中都有哪些类型的员工?

项目小结

　　餐饮服务主要是为客人提供食品享受和精神享受的服务。各种餐饮服务人员在餐厅里的工作性质不同,但都要求具有为客人提供优质服务的基本素质,这也是保证服务水准的关键。

项目二　中餐零点服务

学习目标

● 能规范做好中餐零点餐厅服务接待工作。

子项目一　认识零点餐厅

中餐厅是提供中式菜点、饮料和服务的餐厅,在餐厅设计、装潢布置上应突出民族风格和地方特色,在服务方式、上菜程序上应反映中华民族的饮食文化传统。

【想一想】

零点餐厅有什么特点,其服务包括哪几个环节?

【前置作业】

活动:请选择酒店中餐厅、中式酒家或酒楼中的其中一种中式餐厅进行考察,完成以下调查表。并派小组代表向全班展示学习成果。

餐厅报告表

活动日期:	
小组成员:	组长:
报告内容	
餐厅名称:	餐厅位置:
营业时间:	
服务方式和内容:	
特色(图片):	

【相关知识】

一、何谓零点餐厅

零点餐厅是指宾客随点随吃、自行付款的餐厅,通常设置散桌,并接受预约订餐。早餐供应点心、粥、面等品种,午晚餐提供菜单,接受宾客点菜,饭菜酒水供应到台。零点餐厅通常设置大小不同的餐桌,以适应不同客人数的需要。客人可以随到随吃,也可预约订餐。其经营方式是提供菜单,接受客人点菜,食品饮料服务到桌,最后凭点菜单结账。

二、零点餐厅的特点

零点中餐厅的经营,除了餐饮服务之外,还承担着即制即销加工烹制的食品和饮料的业务。这些实物产品,需一定的生产设备和销售场所,并通过服务的各个环节按程序配合完成。

(一)主题鲜明,风格独特

中餐零点餐厅的个性和特色,装饰和布置都以餐厅的主题选择为中心。中餐厅的主题选择范围广泛。中华民族悠久的历史和灿烂的文化都可以作为餐厅的主题,例如,以特定菜系和美食为主题的中餐风味餐厅,其装饰布置与主题相呼应;以风景名胜、民俗风情、历史人物、神话传说等为主题的主题餐厅;也可以是以历史阶段为背景提供宫廷菜的仿膳餐厅。主题风格主要从中餐厅取名,通过色调、灯光、家具、艺术品陈列、绿色植物和服务员服装等各方面综合体现。

(二)服务热情,周到细致

中餐厅服务充分体现中华民族热情好客、温文尔雅和得体含蓄的风范。服务环节设计合理,体现周到细致,注重个性需求。由于零点餐厅的主要任务是接待散客就餐,就餐宾客多少不定,需求标准不一,就餐时间交错,需求菜式品种多样,因此,造成餐厅接待波动性较大,工作量较大,营业时间较长。这就要求餐厅服务员要有较全面的服务知识和服务技巧,服务上要主动、周到、细致、快捷,以最佳的服务来适应和满足各种消费层次宾客的需求。

(三)生产环节多,管理难度大

中式菜肴因为品种丰富、构成的原料繁多、菜式规格多、批量小、生产环节多、分工细致和烹饪技艺要求高等因素,使得中餐菜肴质量、厨房管理难度较大。

三、零点餐厅服务环节

餐厅服务又叫餐桌服务,是一种传统的供餐服务。每一家酒店都有自己的餐厅服务操作规范,但基本内容是一致的。每一班次或每餐的服务大体上可分为餐前准备、开餐服务、就餐服务、结束工作4个环节。只有所有的服务环节都坚持不懈地执行和遵守操作程序,才能保证餐饮服务质量。

(一)餐前准备

"餐前准备"在法语中的意思是"各就各位",而在餐饮行业中是指在营业前为开餐中所有的任务和工作做好准备。在餐厅开门营业前,服务员有许多工作要做。首先是接受工作分配,了解自己的服务区域和就餐人数;然后准备餐饮设备用品,熟悉菜单及当日特别推荐菜式,进行环境布置;最后检查服务工作台和服务区域,召开餐前会,由餐厅经理或领班向服务员介绍重点宾客和特别注意事项等。准备工作的好坏将直接反映出餐厅服务水平的高低,因此充分的餐前准备工作既是餐厅服务的基础,又是餐厅进行有效经营的重要保证。

(二)开餐服务

开餐服务是餐厅对客服务工作的开始,也是餐厅服务工作的重要一环,包括迎接客人,安排客人就座,接受点菜,把点菜菜单送入厨房以及厨房出菜。其中回答客人询问、向客人推荐菜肴等是开餐服务的重要内容。

(三)就餐服务

就餐服务即台面服务。是指客人点的食品、饮料送到餐桌,并在整个进餐过程中照料客人的需要。

(四)餐后及结束工作

结账服务是宾客在餐厅活动结束前要求服务员为其结算餐饮消费的服务。它在餐饮服务中属于收尾工作,它意味着整个餐厅服务的结束,带有一贯性、技术性和综合性的特点。

【思考与练习】

中餐零点服务的基本环节一般包括哪几个方面?

子项目二　餐前准备

任务一　做好餐前准备工作

【学习目标】

了解餐前准备工作要点;

能够根据具体的中餐类型和情境进行相关的餐前准备工作;

能熟练掌握托盘服务、餐巾折花、摆台等基本服务技能,并将所学知识运用到实际对客服务工作中。

【想一想】

假如你作为某中餐厅的服务员,在餐厅即将开始营业之前,服务员要做哪些准备工作?

【前置作业】

活动:考察中餐厅或结合生活经验,说说营业前服务员的工作内容,然后完成以下表格。

餐前准备工作调查表

活动日期:	
小组成员:	组长:
报告内容	
餐厅名称:	营业时间:
工作内容:	
我的感想:	
报告人:	

"餐前准备工作"这一项目是餐饮服务中非常重要的内容之一,它是餐厅服务员在客人到达之前按服务程序要完成一系列服务准备工作,主要指开餐前为进餐过程中所提供的各项服务做好准备。在餐前准备中工作人员必须严格执行各种规程,做到布置规范化、操作程序化,为营业的顺利进行打下坚实的基础。

【相关知识】

在餐厅正式营业、接待客人之前,服务员有许多工作要做。首先是接受任务分配,了解自己的服务区域,然后检查服务工作台和服务区域,熟悉菜单以及当日的特选菜,了解重点宾客和当天需要特别注意的事项,等等。充分的餐前准备工作是餐厅能够为宾客提供良好的服务、从而有效经营的重要保障,因此是不可忽视的。而在一天的营业结束之后,进行相关的整理,并对有关营业数据进行统计和分析,总结这一天的工作,以便更好地做好接下来的营业工作,这也是非常重要的。营业前准备工作的流程如下:

餐前例会→清洁卫生→摆台→备餐柜准备→检查准备→检查预订摆台→准备迎宾

一、准备餐饮设备用品

餐厅内外物品,特别是与餐饮活动有关的物品,在餐前一定要准备充分。一般用餐准备的设备用品包括:餐桌、座椅、餐具、杯具、台号、菜单等。还要检查餐具及开餐用品的品种和数量。通常用餐车从洗碟房将餐具运出,存入指定的餐具柜,餐具用具清洁、净亮且摆放整齐于工作柜内;服务用品要求齐全、整洁。

二、餐饮食品与酒水

餐饮食品与酒水品种一般通过菜单和酒单来体现。因此,餐饮业的服务人员一定要熟练掌握菜单和酒单的名称、内容及主要产品的加工方法,以便在宾客点酒、点菜时主动服务,给客人留下良好的印象。

①熟悉菜单。开餐前要了解和熟悉当日菜单,特别要知道当天的餐厅推荐菜肴和当天不能供应的菜肴品种。

②酒水饮料准备。备好供应的酒水饮料、茶叶、开水、冰块等。

三、环境布置

一要检查餐厅地面、楼面及工作台,做好清洁工作。做到:①餐厅地面及墙面清洁无污;②地毯清洁、无破损、连接处平整;③做好服务台的清洁,按餐厅卫生标准进行卫生工作。二要准备及整理餐厅内的桌椅。餐桌椅摆放整齐、桌椅平稳无晃动、桌椅完好无损、干净无污。

四、餐饮人数安排

餐饮人数与场地、预订、坐席数、餐位周转率等因素有密切关系。如果把整个餐饮服务作为一个循环圈的话,撤台和重新摆台也同餐前准备工作。服务人员对预订就餐人数的安排相对容易,而加餐位、餐间撤台和重新摆台则时间相对紧张,具有一定难度。

五、餐前短会

在服务员基本完成各项准备工作,餐厅即将开门营业前,由餐厅经理或领班负责主持短时间的餐前会,使全体员工了解前一天餐厅的营业情况、当天的菜肴(如例汤、海鲜、时蔬、甜点、水果、特式菜肴)及当天应当注意的问题或 VIP 宾客的情况等。餐前短会后,值台员、迎送员等前台服务人员应迅速进入工作岗位,准备开门营业。

六、其他准备

开餐前,由餐厅经理或主管对餐厅的准备工作进行一次检查,检查内容包括:菜单和酒单是否整洁无污渍及无破损并摆放整齐;餐具是否干净无缺口;台布与餐巾是否挺括及无破损和污渍;餐椅是否干净无尘;坐垫是否无污渍;桌椅是否对齐并且按照餐厅的标准摆放整齐;摆台是否符合餐厅规定的标准;花草是否鲜艳无枯叶;餐具柜内餐具及一切开餐用具是否摆放整齐;地面是否无杂物及纸屑,等等。

开餐前5分钟餐厅全体工作人员出岗站位,按餐厅的要求着装,接受领班指派工作。面向餐厅门口,准备迎接顾客。

[拓展知识]

餐前早会有什么作用?

餐前工作早会是在服务员基本完成各项准备工作,餐厅即将开门营业前,由餐厅经理或领班负责主持的短时间的会议。其作用在于:

①检查所有人员的仪容、仪表,如头发、制服等;

②名牌、指甲、鞋袜的检查;

③使员工在意识上进入工作状态,形成营业气氛;

④再次强调当天营业的注意事项,重要客人的接待工作,以及提醒服务员注意一些已知的客人的特别要求。

餐前短会结束后,值台服务员、引座员、收银员等前台服务人员应迅速进入工作岗位,准备开门营业。

[思考与练习]

1. 举例说明餐厅营业前环境布置包括哪些内容。

2. 简述餐前准备工作流程。

3. 案例分析。

一位翻译带领4位德国客人走进了西安某三星级饭店的中餐厅。入座后,服务员开始给他们点菜。客人要了一些菜,还要了啤酒、矿泉水等饮料。突然,一位客人发出诧异的声音。原来他的啤酒杯有一道裂缝,啤酒顺着裂缝流到了桌子上。翻译急忙让服务员过来换杯。另一位客人用手指着眼前的小碟子让服务员看,原来小碟子上有一个缺口。翻译赶忙检查了一遍桌上的餐具,发现碗、碟、瓷勺、啤酒杯等物均有不同程度的损坏,上面都有裂痕、缺口和瑕疵。

翻译站起身把服务员叫到一旁说:"这里的餐具怎么都有毛病? 这可会影响

外宾的情绪啊!""这批餐具早就该换了,最近太忙还没来得及更换。您看其他桌上的餐具也有毛病。"服务员红着脸解释着。

"这可不是理由啊! 难道这么大的饭店连几套像样的餐具都找不出来吗?"翻译有点火了。

"您别着急,我马上给您换新的餐具。"服务员急忙改口。翻译和外宾交谈后又对服务员说道:"请你最好给我们换个地方,我的客人对这里的环境不太满意。"

经与餐厅经理商洽,最后将这几位客人安排在小宴会厅用餐,餐具也使用质量好的,并根据客人的要求摆上了刀叉。望着桌上精美的餐具,喝着可口的啤酒,这几位宾客终于露出了笑容。

请分析餐厅如何避免出现这样的失误。

任务二　摆台及其所需相关技能

"餐前准备工作"这一项目是餐饮服务中非常重要的内容之一,其中涉及餐巾折花、托盘、摆台等专业技能。

托盘是餐厅服务员在餐厅运送各种物品的常用工具之一。正确使用托盘,是每个餐厅服务人员的基本操作技能。

【想一想】

餐厅服务中为什么要使用托盘?

【前置作业】

活动1:请同学们在日常生活中观察餐厅使用哪几种托盘,它们分别有什么用途? 举例说明餐厅服务员是如何使用不同的托盘为客人服务?

要求:以学习小组为单位进行汇总,准备与其他学习小组交流意见与分享收获。

活动2:以小组为单位,使用托盘端托物品,并探讨托盘操作的技巧。

要求:归纳出托盘的操作程序,讨论每个程序操作过程中需要掌握哪些技巧并派代表进行示范。

【相关知识】

一、托盘的种类与选用

　　餐厅常用托盘有金属制品(铝、不锈钢、银等)、木制品、塑料制品、胶木制品等。规格分为大、中、小不等的方形托盘、长形托盘和圆形托盘。大、中型长形托盘常用于托运菜点、酒水和盘碟等较重的物品。大、中型圆形托盘常用于餐厅摆台、斟酒、撤换餐具等操作。小型托盘多用于递送账单、收款、递送信件等物品,如图2.1、图2.2和图2.3所示。

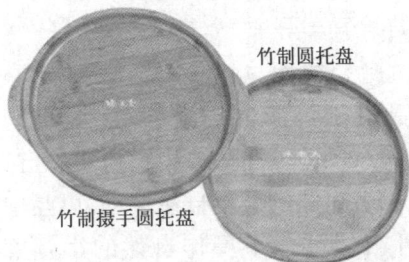

图2.1　竹制托盘

图2.2　长形托盘

图2.3　不锈钢托盘

【想一想】

　　怎样摆放物品最合理?

二、轻托(胸前托)

　　托盘的操作方法按盘中物品重量可分为轻托、重托两种。现在酒店、餐厅均以轻托为主;较重的菜式,多用餐车推送,而不使用托盘,以免发生意外。无论轻托或重托,其操作程序都包括理盘—装盘—托盘—行走—卸盘五大步骤。

轻托一般用来为客人斟酒、派菜、撤换餐具等,盘中重量在 5 千克左右,由于轻托往往在客人面前进行操作,其熟练、准确、优雅显得更为重要。

(一)轻托的操作程序

①理盘。根据不同用途选择托盘,洗净擦干,并在盘内垫上经过消毒的垫布,垫布大小适中、铺平拉正,达到既整洁美观又防止盘内物品滑动的效果。

②装盘。根据物品的形状、重量和使用的先后顺序合理装盘,以物品排放整齐、重量分布均匀、物品安全稳妥及便于托盘平衡为原则。

当几种物品同装时,一般是重物、高物放在托盘的里档;轻物、低物放在外档;先用先上的物品在上、在前;后用后上的物品在下、在后。

③托盘。托盘一般使用左手,方法是先用右手沿桌面拉托盘边缘,左手手掌放在托盘底部,掌握好托盘的重心,然后将托盘平托于胸前。

④行走。托盘行走要求头正肩平,上身挺直,两眼注视前方,步履轻快稳健,托托盘的手腕要轻松灵活,使托盘在左侧胸前随着走路的节奏自然摆动,以盘中物品、汤汁、酒水不倾斜、不外溢为原则。右手随着步伐节奏作自然的小幅度摆动。

⑤卸盘。从盘中取下物品时,应从左右两侧交替取下,而且左手手指应随盘中重量的变化作轻缓地移动,以掌握好托盘的重心,保持托盘的平衡。

操作要领:左手手臂自然弯曲 90 度,掌心向上,五指分开,以大拇指指端到手掌根部位和四指托住盘底,手掌自然形成凹形(掌心与盘底不接触),平托于胸前,略低于胸部,距胸前 5 厘米为宜。

(二)轻托操作注意事项

①在端着托盘的行走过程中,两眼要目视前方,另一手自然摆或放在背后,或贴于腰间,在行走过程中,遇有客人对面走来,应主动避让,并致以问候。

②要习惯使用托盘。即使送一只水杯或换一只餐碟都必须使用托盘服务。

③勿以拇指向上按住盘边托盘。这是对服务工作的轻率和待客不礼貌的举动。托盘时,上臂或手肘不要紧贴身体,行走时切忌僵硬死板。

④在托盘行进中,要始终保持轻松和适度微笑。

⑤托送物品至客人身旁后,应将托盘挪开至宾客身后,留意自己的手肘,不要碰到客人的头部。

⑥操作过程中,不能把托盘放在客人的餐桌上。

三、重托(肩上托)

重托主要用于托运较重的菜点、盘碟等,盘中重量一般在10千克左右。

重托操作要领:用双手将托盘边缘移至服务台外,右手扶好托盘,左手五指分开,用全掌托住盘底,掌握好重心后,用右手协助将托盘托起,同时左肘向上弯曲,向左向后翻掌,托盘随之向左向后旋转,由左手掌稳托于左肩上方。

【重托小技巧】

盘底不搁肩,盘缘不近中嘴,盘后不靠发,右手自然下垂摆动或扶住托盘的内角。

重托操作要做到:平、稳、松。

平:就是在托盘的各个操作环节中掌握好重心,保持平稳。行走时,盘平、肩平、两眼平视前方、动作协调。

稳:就是装盘稳妥、托盘不晃动、行走不摇摆、穿越灵活不碰撞,给人以稳重踏实的感觉。

松:就是动作、表情轻松自如,上身挺直,行走自如。

端托菜盘常用的步伐:

一般菜肴走常步(步距均匀、快慢适当);

火候菜肴走疾步(步距稍大、步速稍快);

汤汁菜肴走碎步(步距小、步速稍快);

遇到障碍走窍步(临时停步或放慢脚步,灵活躲闪)。

【实践园】

1.操作器皿:托盘、垫布、酒瓶、酒杯。

2.每人拿取托盘一个,并在托盘内放置5千克左右物品。

3.1分钟、2分钟、5分钟托盘站立持久练习。

4.托盘行走练习,从理盘→装盘→起托→托盘→托盘站立开始,然后逐渐增加轻托平地行走练习,轻托行走、上下楼梯练,障碍行走以及轻托摆放物品练习。

要求:按操作标准进行,注意检查托盘动作的准确性、托盘手势是否正确,行走姿态是否正确、轻松、优美、平稳。

【思考与练习】

餐厅服务过程中持空盘行走时怎样才能体现规范服务?

任务三　餐巾折花

餐巾的使用已日益广泛,服务员熟练掌握餐巾折花技法,是提高服务质量的一个重要内容。

〔探究乐〕

欣赏餐巾花

活动1:2010年5月11号是母亲节,餐厅准备进行相关的布置和装饰,以便迎接母亲节的到来,其中设计了不同形状的餐巾花共10款来烘托节日的气氛。请问:餐巾花在餐厅起到什么样的作用? 你打算如何结合具体的主题利用餐巾花做好餐厅的装饰工作?

要求:

1.分小组观赏餐巾花。

2.各小组交流对餐巾花造型的评价。

3.请学生以小组为单位进行讨论,运用所学的理论知识回答上面提出的问题。

4.小组进行餐巾花造型的学习。

活动2:以小组为单位学习课本上所教授的餐巾花的造型,学会看懂图形自己折叠。

活动3:现有以下5个中餐宴会的接待任务,请你根据具体的宴会情境进行相关的餐巾花造型设计。

①一个6岁小女孩的生日宴会;

②某学校毕业生的毕业餐宴会;

③某学校30周年校庆的晚宴;

④一位90岁老人的寿宴;

⑤一对举办婚礼的新人婚宴。

要求:

1.小组抽签决定所负责的餐巾花造型设计任务。

2.各小组展示自己为具体的宴会情境所设计的餐巾花造型,并进行相关的解说。

3.其他小组进行评价。

4.教师进行评价并引导学生总结餐巾花造型设计时的重难点及注意事项。

【相关知识】

餐巾,又名席巾、口布、茶巾等。它是一种四边相等的小方布巾,规格一般为45~65厘米。把餐巾折叠成各种不同的花、鸟等,可以有效地烘托餐厅的气氛,给宾客以美的享受。餐巾的使用已日益广泛,服务员熟练掌握餐巾折花技法,是提高服务质量的一个重要内容。

一、餐巾折花的作用

①餐巾是就餐用的保洁方巾。宾客用餐时,把餐巾铺放于腿膝上,以防止汤汁、酒水等玷污衣服。

②餐巾可装饰美化桌面。把餐巾折叠成千姿百态的花、鸟等,可以使餐桌显得美观大方,给人以美的享受,既美化了餐桌,又增添了餐厅热烈的气氛。

③餐巾花型的摆放可以标志宾主席位,便于入座。不同造型的餐巾折花,以无声的形象语言,来表达服务员与宾客之间的感情,透出一股温馨、活泼的气氛。

二、餐巾折花的种类

①餐巾花造型的种类。

餐巾折花按造型外观,可分为植物类、动物类和实物类。按餐巾折花摆放的器皿,可分为杯花和盘花。杯花一般需插入杯中以完成造型,取出杯子即散开;而盘花造型完整,成型后不会自行散开,且可以提前折叠好,因此,餐巾折花较多地趋向于盘花。此外,餐巾还可以用餐巾圈来固定,以减少因折叠造成过多的褶皱。

②餐巾折花应注意的事项。

a.餐巾花的台面摆设,要求搭配得当,高低均匀,位置适当,便于识别观赏,主花明显突出,既便于值台操作和宾客使用,又不阻挡餐具。

b.餐巾花造型时应注意宾客的忌讳,要选择及摆设来宾喜爱的花形。如日本人喜爱樱花,而忌用荷花;美国人喜爱山茶花;法国人喜爱百合花,等等。

c.操作时注意清洁卫生,选择平整光洁的操作台,圆滑干净的辅助工具,折叠时不能用嘴咬,也不要多讲话。

d.餐巾花造型要形象逼真,力求简单美观、折制方便,抓住花型的特点加以发挥创造。

三、餐巾折花的基本技法

（一）折叠

折叠是将餐巾一折二、二折四；单层叠成多层；或折叠成各种几何图形。折叠时，要熟悉基本造型、看准角度一次叠成，避免反复，以免影响造型的挺括美观。

（二）推折

推折是将餐巾叠面推折成折裥的形状，使花型层次丰富、紧凑美观。推折时，用双手拇指、食指分别捏住餐巾两头的第一个折裥，中指按住餐巾，并控制好下一个折裥的距离，拇指、食指握紧餐巾向前推折至中指位置，用食指将推折的裥挡住，中指腾出去控制下一个折裥的距离。要求三指配合，折裥均匀整齐。

折裥可分为直裥和斜裥，直裥用平行直推法；斜裥形的扇状，用斜面推折。如图2.4所示。

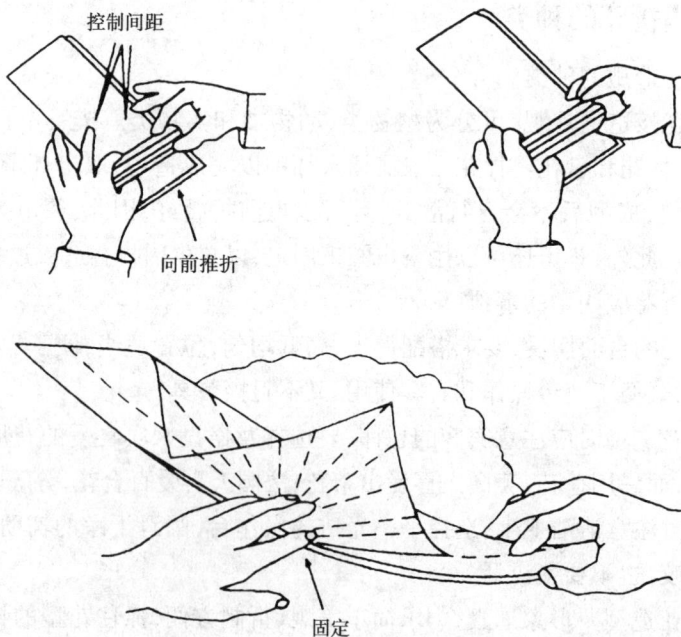

图2.4 推折

（三）卷

卷就是将餐巾卷成圆筒形。卷分为平行卷和斜角卷两种,平行卷要求卷得紧、卷得直;斜角卷是将餐巾一头固定只卷一头,形成一头粗一头细的锥形。无论哪种卷法,都要求卷紧、挺括,否则显得松软无力,造成弯曲变形而影响造型。

（四）穿

穿是用筷子从餐巾的夹层中穿过去,形成皱褶。穿之前,餐巾一般已打好折,这样容易穿紧,使形成的皱褶饱满而富有弹性。

（五）翻拉

翻拉就是将餐巾巾角位置翻上或翻下,将夹层外翻,拉成所需的形状。翻拉过程,两手要配合,松紧适度,左右前后大小一致,距离对称。

（六）捏压

捏压是将餐巾捏压成各种鸟头或其他动物的头。操作时,用一只手的拇指、食指、中指进行。先将巾角的上端拉挺作头颈,然后用食指将巾角尖端向里压下,用中指与拇指将压下的巾角捏紧,捏成鸟头的尖嘴状。各种鸟头的形状如图2.5所示。

图2.5　捏压

四、餐巾花的选择和应用

餐巾花的选择和应用,一般应该根据餐厅或者宴会的性质、规模、规格、季节和来宾的宗教信仰、风俗习惯等因素来考虑,以取得布置协调美观的效果,总的原则是:

①根据餐厅的主题和性质选择色彩、质地和花形。

②根据规模、规格、接待对象、席位安排和时节等选择色彩和花形。如大型宴会可选用简单、可提前准备的盘花;接待日本客人不宜选用荷花;主位用花应该美观醒目;婚礼可用玫瑰花、并蒂莲、鸳鸯等;圣诞节可选用圣诞靴和圣诞蜡烛等花形。

③宴会选用杯花时,主位应该稍高,摆放要注意卫生,并将观赏面朝向客人座位,动物和植物花形可以搭配选用,也可用一种或者两种花形。餐厅或者宴会选用盘花或者环花时,一般以一种或者两种为宜,体现整齐划一,否则将杂乱无章。

五、餐巾花造型图谱

①单荷花(图2.6)。

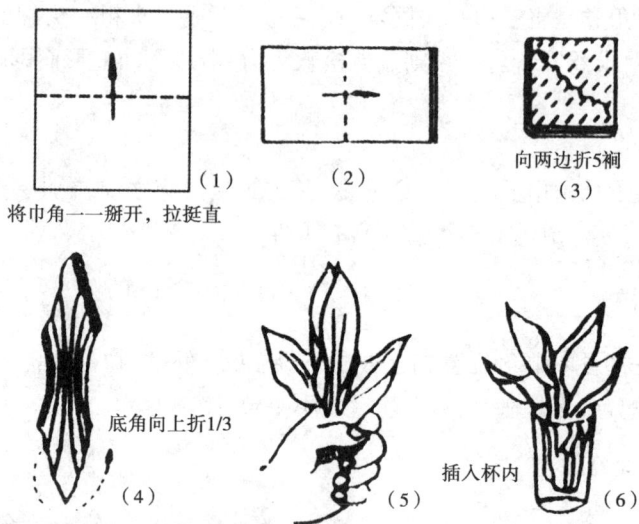

（1）
将巾角一一掰开，拉挺直

（2）

向两边折5褶
（3）

底角向上折1/3
（4）

插入杯内
（5）

（6）

图2.6　单荷花

②天鹅迎宾(图2.7)。

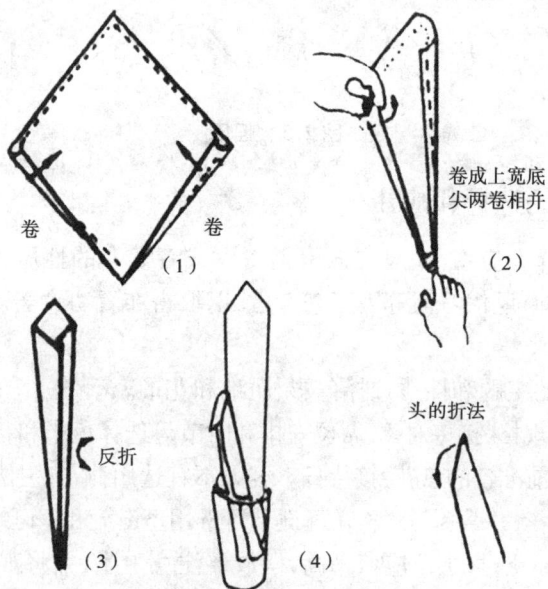

卷　　　卷
（1）

卷成上宽底
尖两卷相并
（2）

反折
（3）

（4）

头的折法

图2.7　天鹅迎宾

③孔雀开屏(图2.8)。

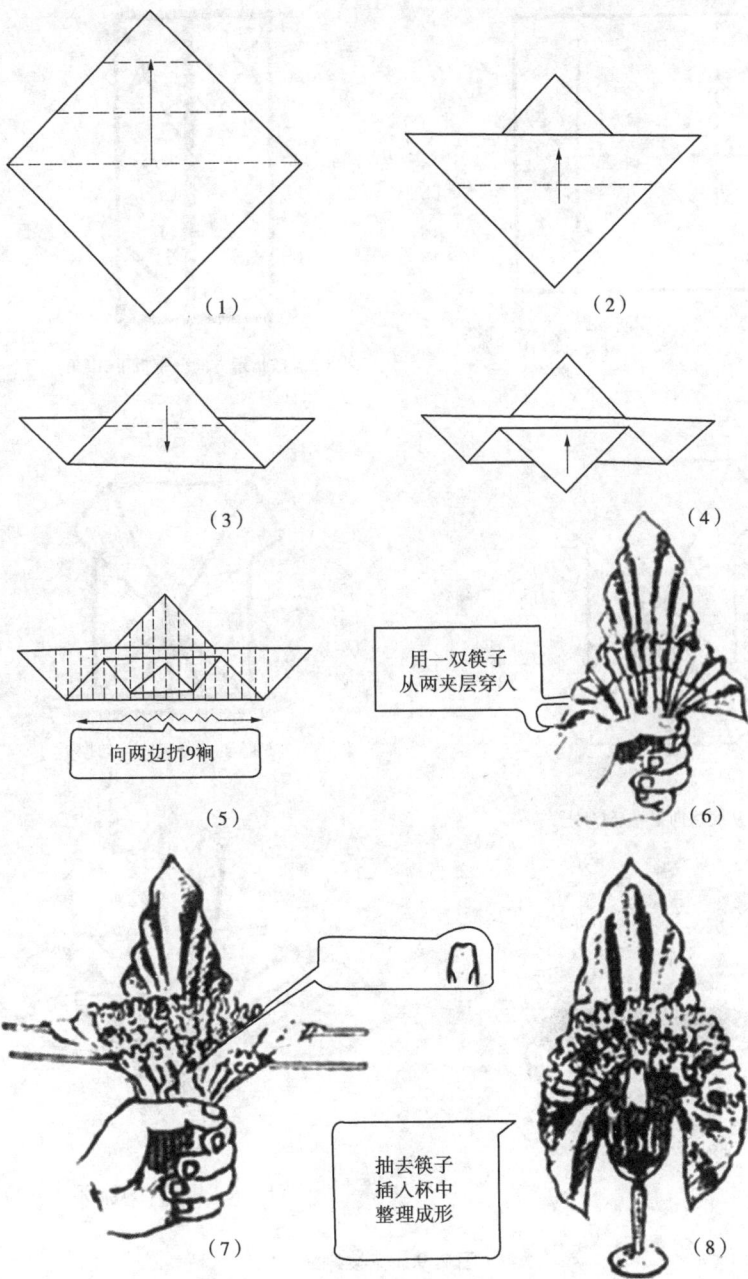

（1）

（2）

（3）

（4）

向两边折9裥

（5）

用一双筷子
从两夹层穿入

（6）

（7）

抽去筷子
插入杯中
整理成形

（8）

图2.8　孔雀开屏

④花枝蝴蝶(图2.9)。

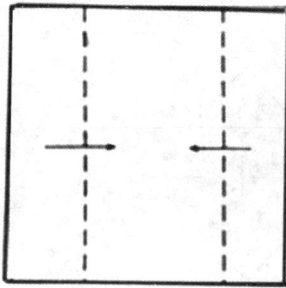

（1）将两边向中间对拢

（2）按指示方向分别折下4巾角

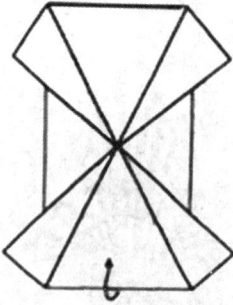

（3）从底边向上卷至1/4处

（4）再继续向上均匀捏折

（5）将两边向下对拢

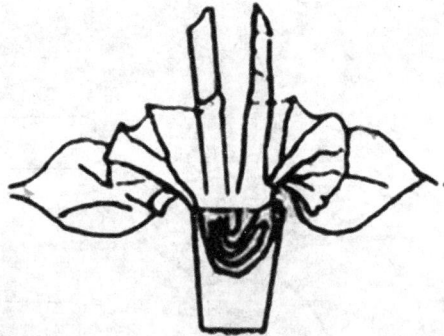

（6）放入杯中，整理成形

图2.9　花枝蝴蝶

⑤清香玉兰(图2.10)。

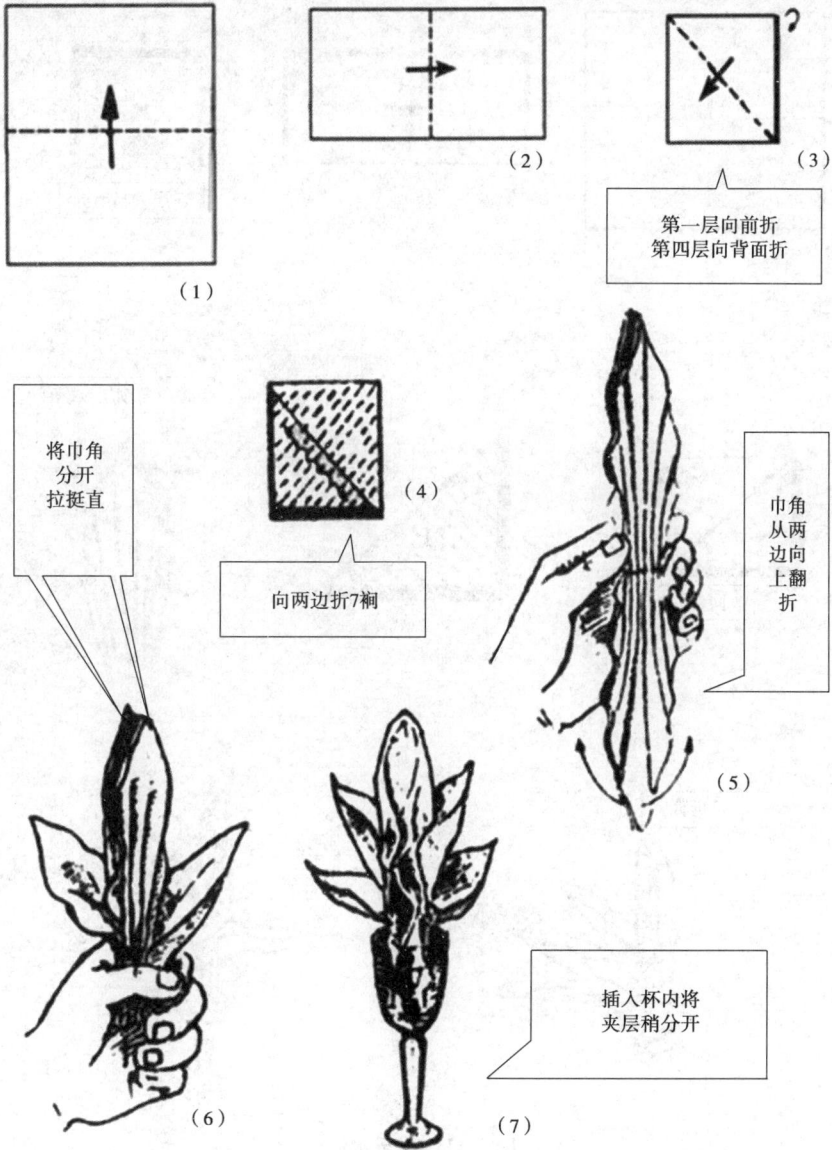

（1）

（2）

（3）

第一层向前折
第四层向背面折

将巾角
分开
拉挺直

向两边折7裥

（4）

巾角
从两
边向
上翻
折

（5）

插入杯内将
夹层稍分开

（6）

（7）

图2.10　清香玉兰

⑥冰玉水仙(图2.11)。

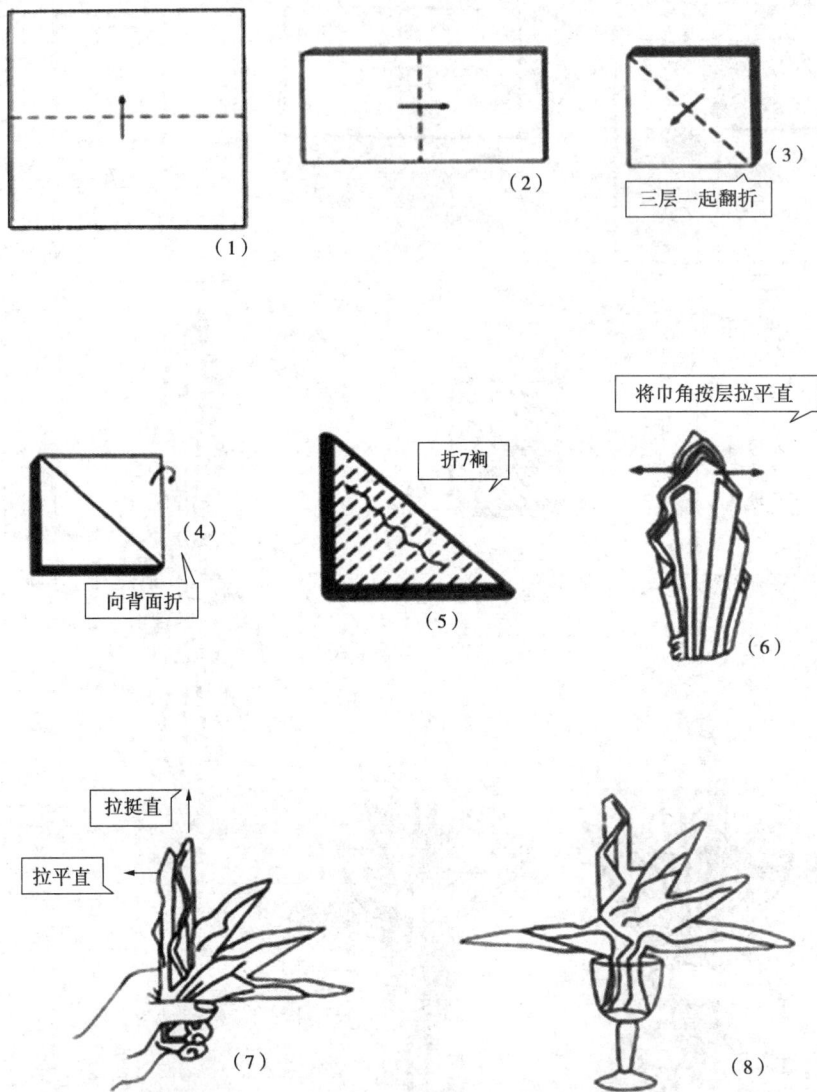

（1）

（2）

（3）
三层一起翻折

（4）
向背面折

折7裥
（5）

将巾角按层拉平直
（6）

拉挺直
拉平直
（7）

（8）

图2.11　冰玉水仙

⑦枫叶飘香(图2.12)。

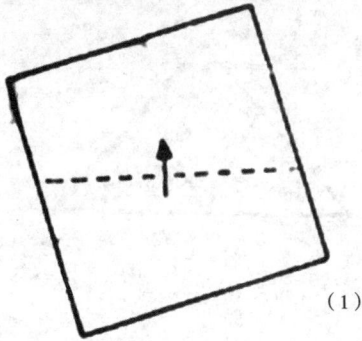

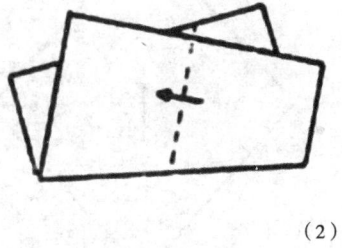

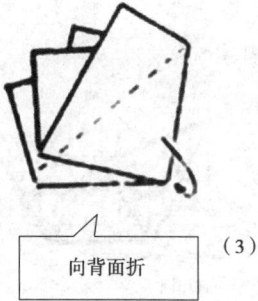

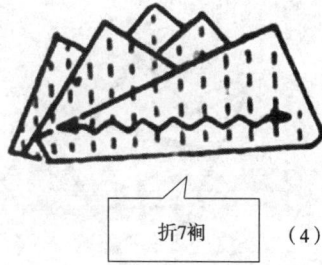

（1）

（2）

（3）

向背面折

（4）

折7裥

（5）

（6）

插入杯中　整理成形

图2.12　枫叶飘香

⑧三叶壁花(图2.13)。

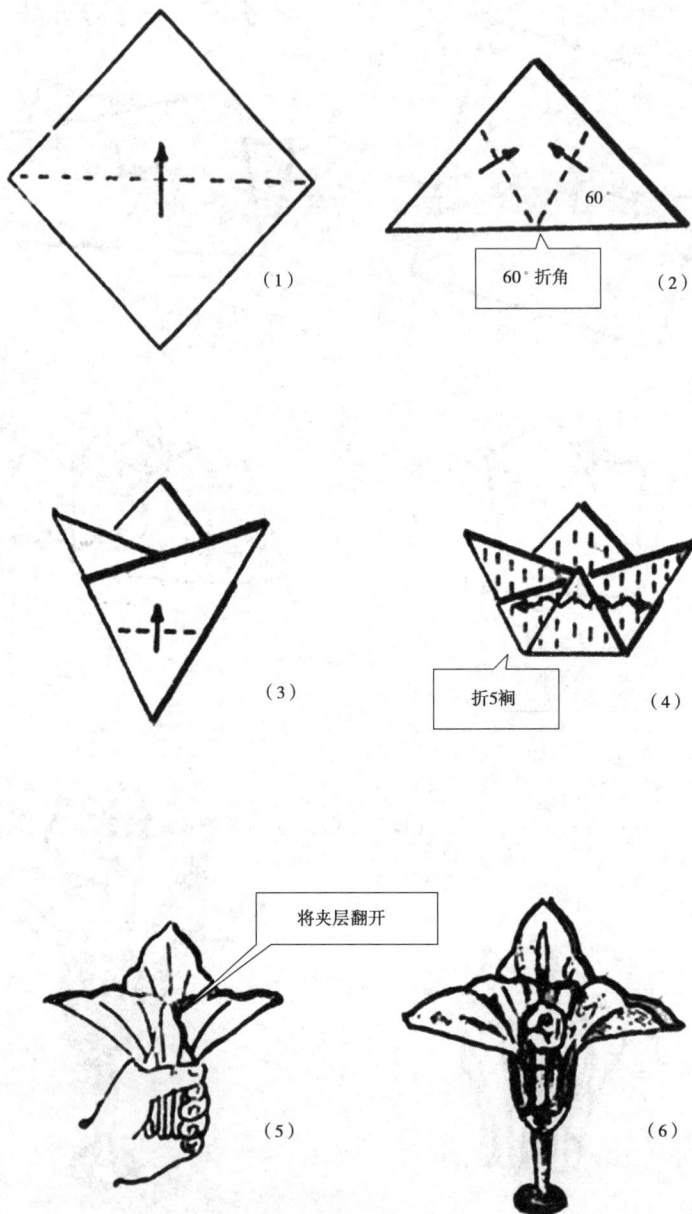

（1）

（2）

60°折角

60°

（3）

（4）

折5裥

将夹层翻开

（5）

（6）

图2.13　三叶壁花

⑨芬芳壁花(图2.14)。

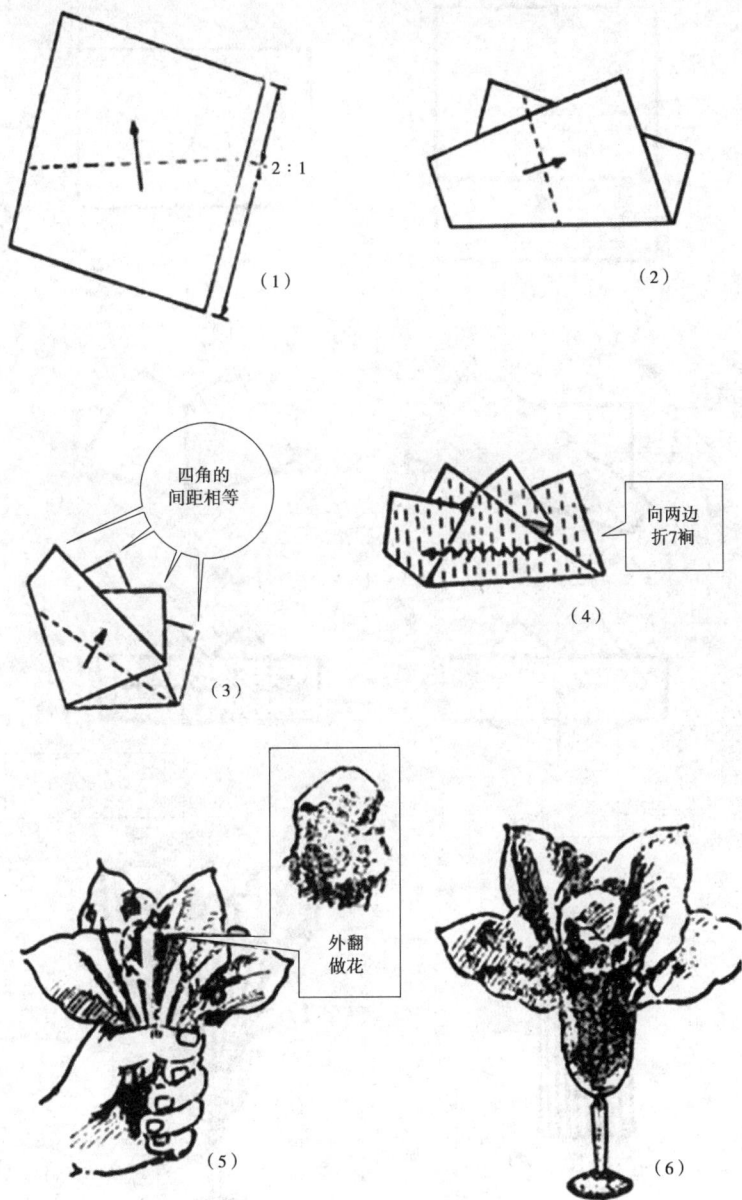

（1）

2:1

（2）

四角的
间距相等

（3）

向两边
折7裥

（4）

外翻
做花

（5）

（6）

图2.14　芬芳壁花

⑩翠叶常青(图2.15)。

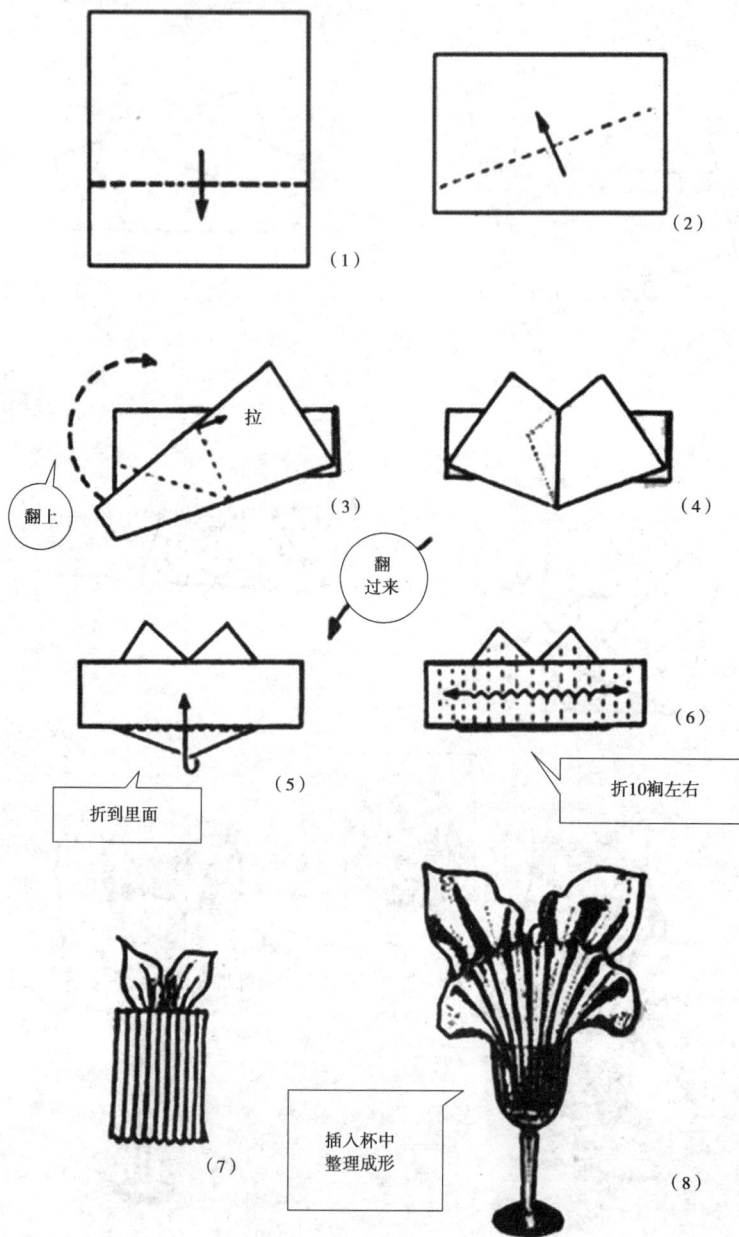

图中文字：

（1）

（2）

翻上

拉

（3）

（4）

翻过来

折到里面

（5）

折10褶左右

（6）

（7）

插入杯中
整理成形

（8）

图2.15　翠叶常青

⑪皇冠(图2.16)。

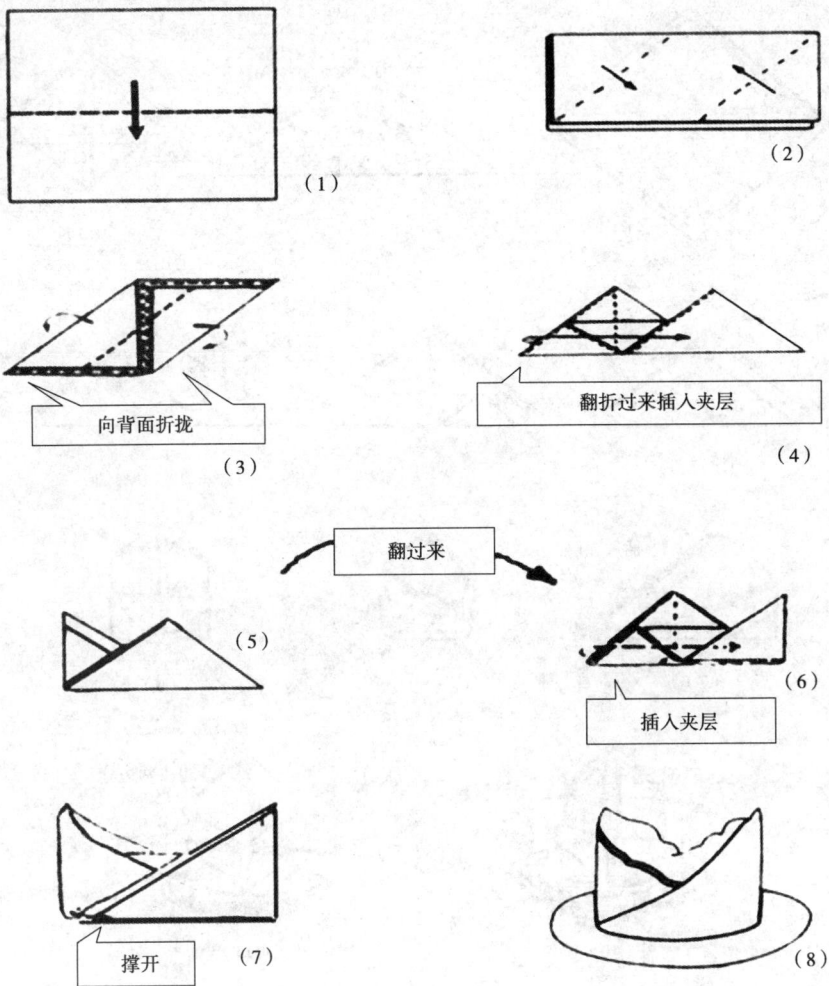

图2.16 皇冠

⑫主教帽(图2.17)。

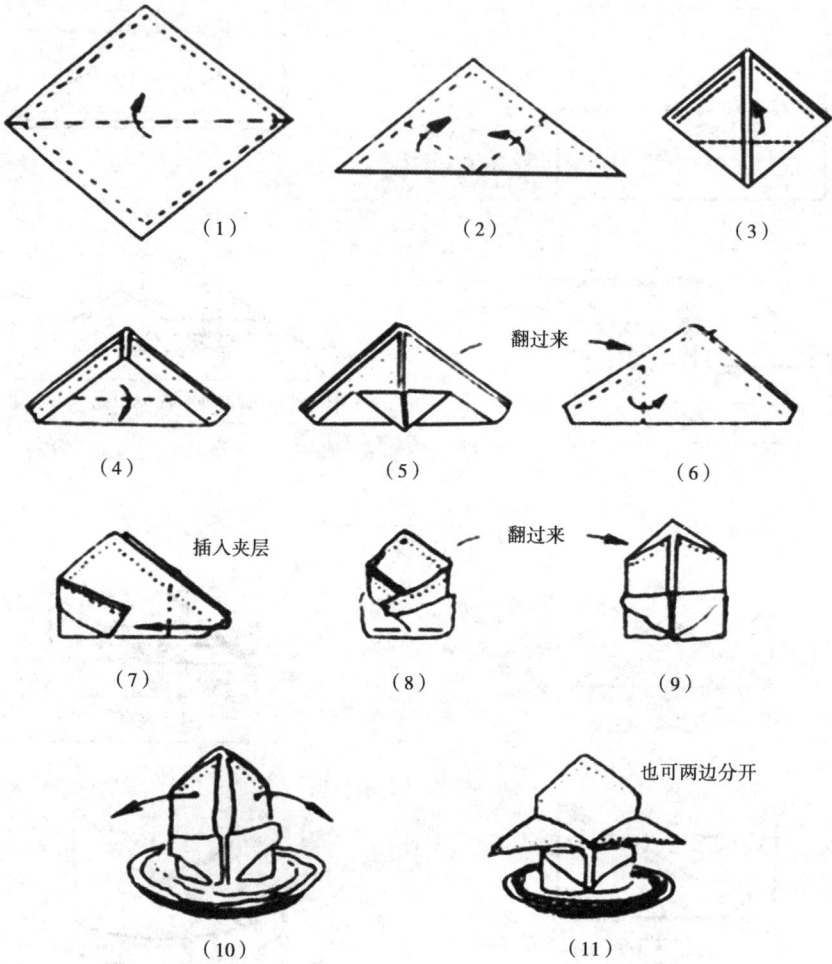

（1）　　　　　　（2）　　　　　　（3）

翻过来

（4）　　　　　　（5）　　　　　　（6）

插入夹层　　　　　　翻过来

（7）　　　　　　（8）　　　　　　（9）

也可两边分开

（10）　　　　　　（11）

图2.17　主教帽

⑬星形(图2.18)。

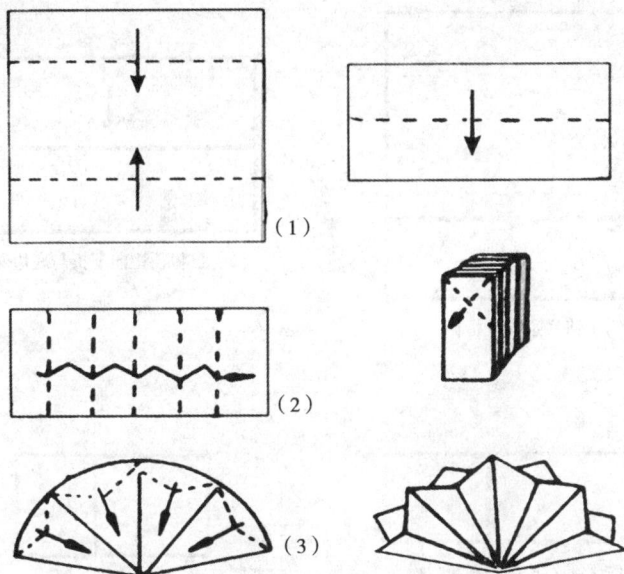

图2.18 星形

⑭扇面送爽(图2.19)。

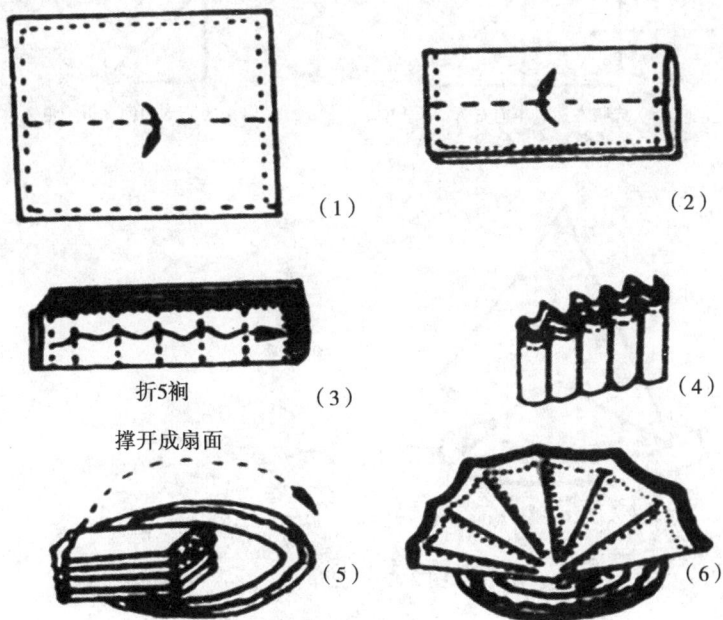

折5裥

撑开成扇面

图2.19 扇面送爽

⑮三角帽(图2.20)。

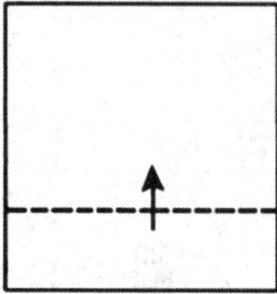

（1）将底边向上折1/3

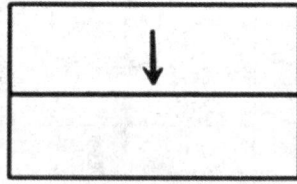

（2）再将顶边向下折与底边对齐

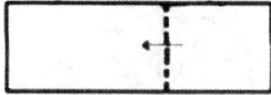

（3）将右边向中间折1/3

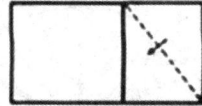

（4）将右顶角向折好的方巾对折

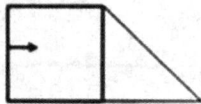

（5）先将左边方巾向右折，压上右
边三角形，再包住三角形

（6）将右底角向上折一角

（7）放入盘中，整理成形

图2.20　三角帽

⑯迎风帆船(图2.21)。

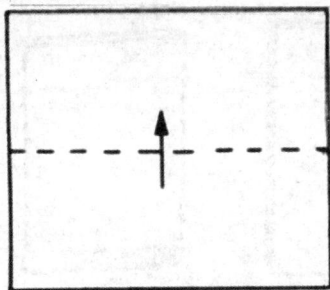

（1）将底边向上对折，与顶边对齐

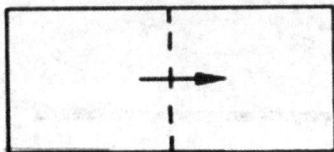

（2）从左向右对折

（3）将右顶角处四巾角一起向下对折

（4）将底边两巾角按虚线所示折叠

（5）将底部向背后折上

（6）将两边向下对拢

（7）拉起夹层中的4层巾角

（8）放入盘中，整理成形

图2.21　迎风帆船

⑰简易扇(图2.22)。

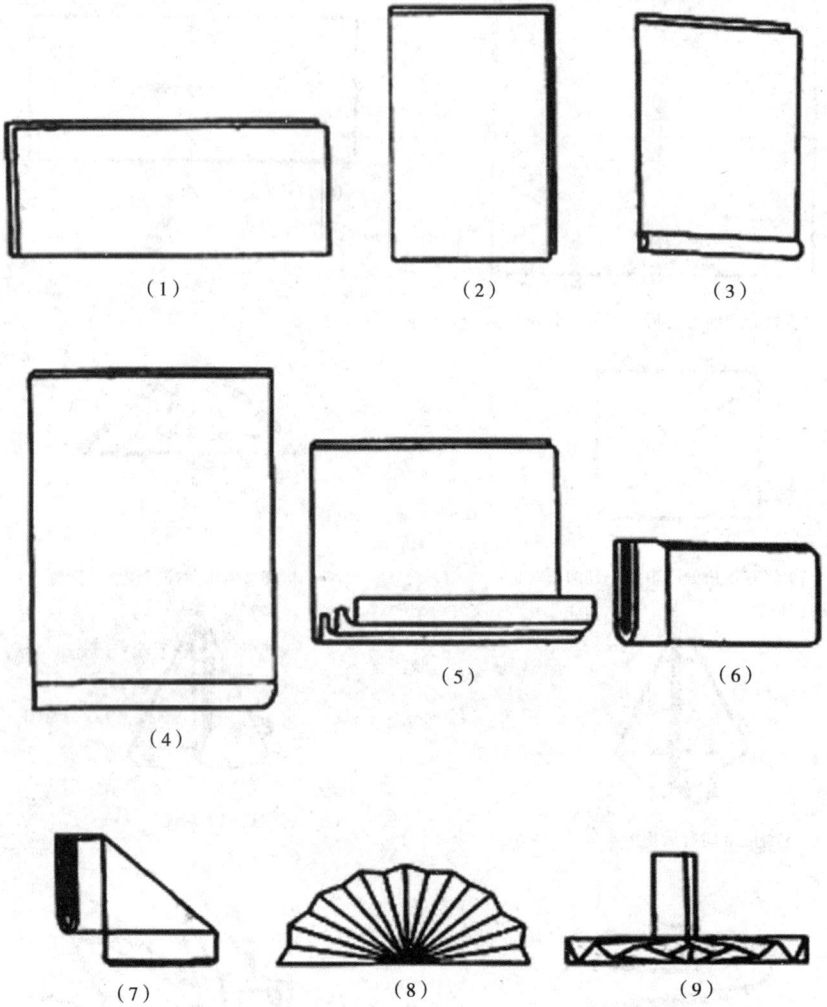

（1）　　　　　　　（2）　　　　　　　（3）

（4）　　　　　　　（5）　　　　　　　（6）

（7）　　　　　　　（8）　　　　　　　（9）

图2.22　简易扇

⑱春池浮荷(图2.23)。

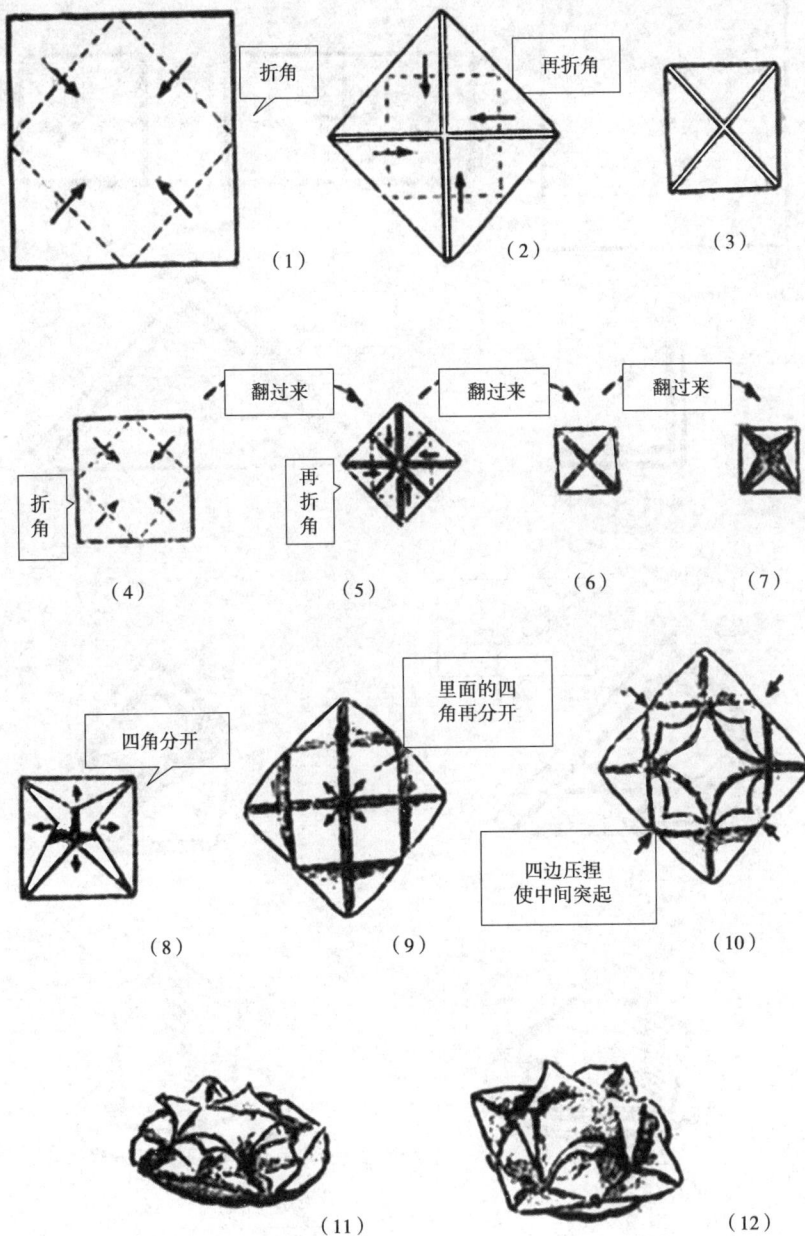

（1）折角　（2）再折角　（3）

（4）折角　（5）再折角　（6）翻过来　（7）翻过来　翻过来

（8）四角分开　（9）里面的四角再分开　（10）四边压捏使中间突起

（11）　（12）

图2.23　春池浮荷

⑲领带折巾(图2.24)。

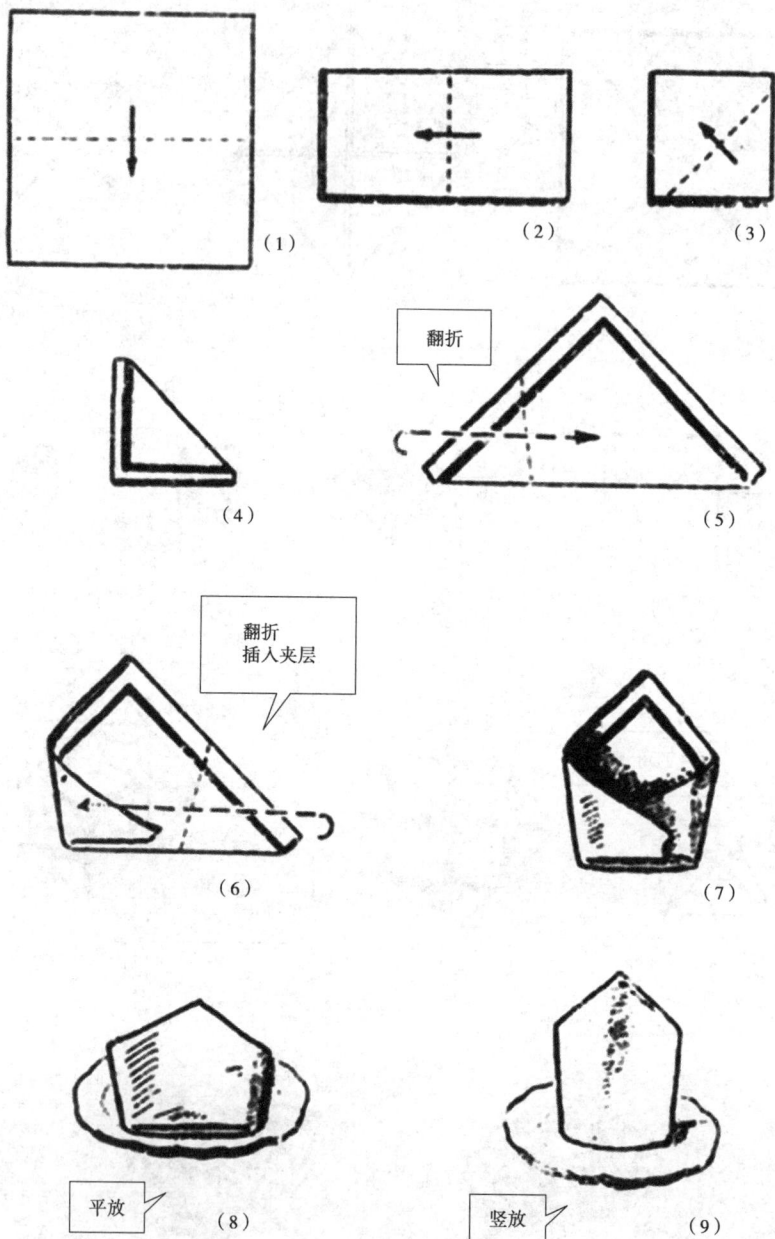

（1）　　　　　　　　　　（2）　　　　　　　（3）

翻折

（4）　　　　　　　　　　　　　　　（5）

翻折
插入夹层

（6）　　　　　　　　　　　　　　　（7）

平放　　　（8）　　　　　　竖放　　　（9）

图2.24　领带折巾

⑳托玉披肩(图2.25)。

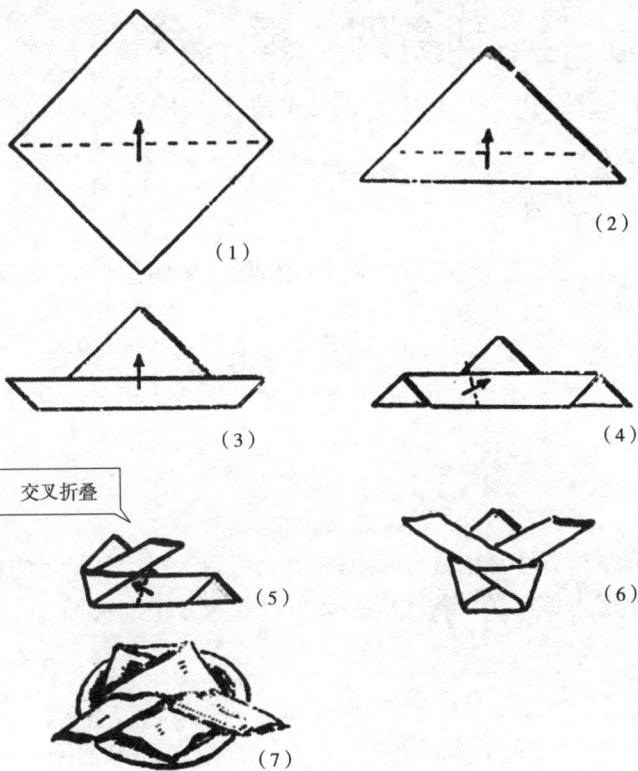

（1）

（2）

（3）

（4）

交叉折叠

（5）

（6）

（7）

图2.25　托玉披肩

【实践园】

序　号	操作内容	要　求
1	10分钟内折叠5个植物类杯花	折法熟练,造型美观逼真、摆放合理
2	10分钟内折叠5个动物类杯花	
3	8分钟内折叠10个杯花(5个植物、5个动物)	
4	5分钟内折叠10个盘花	
5	5分钟内折叠10个杯花	

【思考与练习】

餐巾折花操作应注意什么问题?

任务四 摆 台

摆台是餐厅服务中一项要求较高的基本功,摆台的好坏直接影响服务质量和餐厅的环境。

步骤一 铺设台布

铺台布是整个摆台工作的起点,对整台效果的表现起到至关重要的作用。

〔想一想〕

餐厅中常见的餐台规格有哪几种? 分别适合多少人用餐?

〔前置作业〕

选用台布

活动:请列举出餐厅常用餐台的规格,并为餐台选择尺寸恰当的台布。

要求:以小组为单位探讨餐厅服务员在对客服务中如何铺台布,需要注意哪些事项? 并派代表示范。

〔相关知识〕

一、选用餐台

餐厅的餐用具是保证餐厅营业正常进行的必需物质条件,其能否得到正确的使用与保养,一方面将直接关系到其使用寿命和餐厅的开支,另一方面反映出餐厅的服务质量与管理水平。

选择餐台是中餐摆台服务的第一道工序,选择餐台有两个原则,一要了解不同餐台的形状与规格,二要根据客人就餐人数选择大小适宜的餐台。

(一) 餐桌

餐厅所使用的餐桌基本以木质结构为主,其基本形状主要有:正方形、长方形和圆形。采用什么样的餐桌,由每个餐厅视自己的情况而定。但无论如何,餐桌的大小要合理,以给予每位就餐者不少于75厘米的边长为宜。

1. 正方形餐桌

正方形餐桌的用途较为广泛,它可用于中西各式餐厅。正方形桌的边长规格通常有75厘米、90厘米、120厘米等,可供2~4人用餐。1~2位客人适宜选用90

厘米×90 厘米的方台,3～4 人适宜选用 100 厘米×100 厘米的方台。

2.长方形餐桌

长方形餐桌的规格通常有两种:一种是双人用的,宽 75 厘米,长 110 厘米;另一种是共 6 人用的,宽 120 厘米,长 240 厘米。双人用的长方桌可拼做方台用,又可做小型会议用桌。

3.圆桌

圆桌大体上可分为整体圆桌和分体圆桌。整体圆桌的桌面与桌架固定在一起,可以折叠。桌面供 6 人用的直径为 140 厘米,供 10 人用的直径为 180 厘米。

许多餐厅现在专门设计或购置多功能组合餐桌,可分可合,分可成为独立个体,合则成为多种用途形式(如用于自助餐、冷餐会、鸡尾酒会、会议、展示台的台型设计等)。所有餐桌的高度为 72～76 厘米,不能过高或过低。

(二)餐椅

餐厅的餐椅的款式取决于室内装饰以及经营方式的需要。可以采用多种类型的椅子,也可以采用带弹簧的窗口椅,还可以将长条高靠椅与小型的长方形餐桌相配套,组合一些如同火车座位一样相分离的单元。

在选用餐椅时,至少应考虑以下 3 个方面:

1.客人舒适

在一流的豪华餐厅里,让客人舒适是服务的第一宗旨。提供带扶手和弹簧垫的舒适餐椅是餐厅必不可少的投资。从舒适的角度考虑,餐椅的靠背和客人肩背之间的角度应该是锐角而不是钝角,这样客人向后稍倾就可以靠着休息。餐椅的标准高度在 45 厘米左右,如果采用带弹簧垫的餐椅,弹簧垫压下去椅子的高度也不应该超过 45 厘米。餐椅采用的罩子应该易于清洗。一些人造织物因其好洗易于被餐厅广泛采用,另外以皮革和人造革敷面的餐椅亦被广泛使用。

2.服务方便

餐椅的选用还需要为方便服务员的工作考虑。靠背应该上窄下宽,而不是相等或者下窄上宽。因为上面稍窄的靠背便于服务员从后面和在餐椅之间为客人服务。椅背的高度宜在 45 厘米左右。根据实践,这个高度在适宜客人的同时有助于服务员的工作。

3.空间合理

餐椅的腿应该垂直于地面,而不是向外伸呈"八"字形。这样,餐椅只占用与座位同样大小的空间,而且便于服务员在两个椅子之间走动,而不必考虑脚下是否有羁绊。椅子腿之间的跨度至少要达到 45 厘米,以确保其稳当。

（三）工作台

工作台是服务员在用餐期间为客人服务的基本设备,其主要功能是存放开餐服务所需要的各种服务用品,如餐具、调味品以及餐单、餐巾等,是餐厅用具中重要的组成部分。

每个餐厅所采用的工作台的大小和类型各不相同,但是其显著特征是一致的:都有一个平顶,以便开餐服务放置最大的空托盘。工作台平顶之下是一排放置公用刀叉匙和具有特殊用途刀叉匙的抽屉。抽屉以下是两个或者三个架子,放置其他必备的东西。也有工作台旁边附带一个碗柜的,撤换下来的脏餐具可以临时存放进去。此外,调味品瓶往往放置在工作台的架子上。

二、铺设台布

台布是餐厅摆台所必备的物品之一。台布的规格及色泽的选择,应与餐台的大小、餐厅的风格协调一致。

（一）台布的种类与规格

台布有各种颜色和图案,但是传统、正式的台布是白色的。台布的颜色除了纯白色以外,常见的还有乳黄色、粉红色、淡橙色等。对于主题性质的餐饮活动,台布的颜色和风格的选择可以多样化,不必拘泥于固定的格式。各类花台布的使用,一方面增加了就餐时欢乐休闲的气氛,丰富了视觉享受;另一方面也体现了餐饮从业人员深谙餐饮文化和时尚风情的审美情趣。台布的大小应该与餐桌相配,正方形台布四边垂下部分的长度以 20 ~ 30 厘米为宜。

台布的选择通常根据餐桌的大小而选用规格不同的台布。具体可参照表2.1。

表 2.1　各种餐桌台布的选择

餐桌面规格	台布规格
90 ~ 110 厘米	160 厘米 × 160 厘米
160 厘米	180 厘米 × 180 厘米
180 厘米	220 厘米 × 220 厘米
200 厘米	240 厘米 × 240 厘米
220 厘米	260 厘米 × 260 厘米

（二）台布铺设

台布铺设是将台布舒适平整地铺在餐桌上的过程。

1. 准备工作

摆好餐椅,将所需餐椅按就餐人数摆放于餐台四周。

检查台布,服务员在铺台布之前,应将双手洗净,并对准备铺用的每块台布进行仔细的检查,如发现有残破、油渍和褶皱,不能继续使用,立即更换。

根据餐厅的装饰、布局确定席位,并将选好的台布放在餐台上。

铺台布时,服务员站在临近主人座位一侧进行操作,双手将台布抖开铺在台面上,要求台布折痕凸面朝上,中心折痕对准正、副主位,十字中心居中,舒展平整,台布四周下垂部分均匀,四角对准且遮盖着桌脚。抖台布时用力不要过大,做到动作熟练,干净利落,一次定位。

宴会餐桌常在铺台布后增设桌裙装饰,目的在于提高宴会的规格,使宴会厅更加美观大方、高雅舒适。桌裙的长度以底边离地面10厘米为宜。

2. 铺台布的方法

铺台布之前应先在台面上铺一层台垫或叫衬布,同时检查台布是否有破损、过旧或有污痕等,再根据餐桌大小选择合适的台布。

常见的铺台面方法有推拉式、抖铺式和撒网式3种。

推拉式铺台:服务员选择好台布后,站在主人位或副主位处,用双手将台布打开后放至餐台上,将台布贴着餐台平行推出去再拉回来,使台面铺好。这种铺法多用于零点餐厅或较小的餐厅,或因有客人就座于餐台周围等候用餐时,或在地方窄小的情况下,选用这种推拉式的方法进行推台。

抖铺式铺台:服务员先选取与餐桌大小相配的台布,站在主人位或副主位处,用双手将台布一次性打开,平行打折后将台布提在双手中,身体呈正位站立式,利用双腕的力量,将台布向前抖开并平铺于餐台上。这种铺台方法适合于较宽敞的餐厅或在周围没有客人就座的情况下进行。

撒网式铺台:服务员选择好台布后,站在主人位或副主位后,离桌边约40厘米,右脚在前,左脚在后,用双手将台布打开,平行对折后,双手提起至胸前,双臂与肩平行,上身向左转,下身不动并在右臂与身体回转时,向第一主宾方向撒开,将台布抛向至前方时,上身转体回位并恢复至正位站立,这时台布应平铺于餐台上,抛撒时,动作自然潇洒。这种铺台方法多用于宽大场地或技术比赛场合。

[实践园]

课后练习用不同的方法铺台布。

步骤二 摆台

台面餐具摆放,又称为摆位、摆台。中餐摆台因省份不同、地区不同或经营档次不同有所变化,大体上分为南、北两大类。总的来说,摆台时,一要根据客人人数选用适宜的餐桌;二要掌握餐、酒具摆放的规则与技巧;三要注意餐桌美化符合客人的风俗习惯。

【前置作业】

不同餐位的摆设

活动:零点餐厅现有以下4人台、6人台、8人台、10人台、12人台,请你根据具体的早餐、零点午晚餐的接待任务进行餐台台面摆设。请同学们以小组为单位练习不同餐位的摆设。

要求:

1.分小组进行现场操作练习,并根据摆台操作要领及标准自查、互查。

2.以小组为单位,交流摆台操作流程,进行练习,并交流学习心得。

【相关知识】

摆台是根据餐厅的档次来决定摆放餐具的件数。

摆台的基本要求是:餐具图案对正,距离均称,整洁美观,为宾客提供一个合适的就餐位置和一套必需的就餐用具。

由于中餐和西餐的用餐形式不同,其餐桌、餐具、酒具也各不相同,因此,摆台分中餐摆台和西餐摆台。这里主要介绍中餐摆台。

(一)餐碟定位规格

餐碟的摆放位置如图 2.26 所示。

图 2.26　餐碟的摆放位置

（二）中餐摆位规格

餐碟的摆放规格如表2.2所示。

表2.2　中餐餐碟摆放规格

餐　别	摆位规格	实物图
早餐摆位规格		
午晚餐摆位规格		
宴会摆位规格		

（三）零点餐个人餐位摆放程序

摆餐具时,将餐具整齐摆放在垫有巾布的托盘内,用左手将托盘托起(胸前托),从主人座位处开始按顺时针方向用右手依次摆放。

①零点早餐摆位。零点早餐餐碟摆位如表2.3所示。

表 2.3 零点早餐餐碟摆位

序 号	餐 具	摆放规格	图 解
1	摆餐碟	每碟正对座位,碟边距离桌边1.5厘米,有酒店标志的要注意统一方向,碟与碟之间距离相等,正副主位的餐碟应压在台布凸线的中心位置	
2	摆翅碗、瓷勺	翅(餐)碗放在餐碟的正上方,碗边离餐碟上边沿1厘米,瓷勺放进小餐碗内,勺把向左	
3	摆筷子架、筷子、牙签	筷子架横放在翅碗右边、餐碟的右上方,筷子入套后垂直放在筷子架上,与餐碟平行,筷子尾部离桌边1.5厘米。牙签包垂直放在餐碟与筷子间的中部位置	
4	摆茶杯、茶杯碟	茶杯碟放在筷子的右边,碟边离筷子1厘米,碟底边离桌边1.5厘米。茶杯倒扣在碟中,如果有杯把的则杯把朝右	

②午晚餐摆位。午晚餐餐具的摆放与早餐摆位基本相同,但多了味碟、水杯和餐巾。午晚餐餐碟摆位如表2.4所示。

表2.4 午晚餐餐碟摆位

序　号	餐具	摆放规格	图　解
1	摆翅碗、味碟	翅碗和味碟并排摆在餐碟的左前方和右前方,碗边离餐碟上边沿1厘米,瓷勺放进小餐碗内,勺把向左	
2	摆水杯	水杯摆放在翅碗与味碟中间对着餐碟垂直线,距离翅碗边沿1厘米	
3	摆餐巾	将折叠好的餐巾花翻开放置在餐碟上	

【操作提示】

摆台结束,应检查一遍,发现漏摆或摆放不规范的,应及时做适当的调整。

【拓展知识】

常用物品的正确使用与保管

1.银器的正确使用与保管

银器在使用中尽量减少摩擦、摔、磕,不可用硬物划、刻。去油洗涤时可用不含酸及高碱类去污剂进行洗涤,洗完后用较软的棉布控干水渍,以保持光泽,然后存好待用。长期不用的银器也要进行定期保养。银器应由专人保管实行领出、收回登记制度。银器要设专橱妥善存放,需叠放时应加垫隔挡。

2. 玻璃器皿的正确使用与保管

玻璃器皿质地硬而脆,使用时宜专器专用,轻拿轻放。玻璃器皿在保管工作中应做到:分类洗涤、存放。

3. 陶器的正确使用与保管

陶器质地脆、涩,在保管工作中应做到少磕碰、少堆叠,按其大小、形状分类存放;高档陶器不用时应予以包、垫保管。

4. 瓷器的正确使用与保管

餐厅所用瓷器主要有餐具、茶具及菜肴盛装器皿。在使用时应注意其规格、品种、形状、数量、大小、色彩等特点与场景相匹配的原则,以及针对其质地、性质,在使用中应注意的问题;还有洗涤、消毒、存放时的注意事项。

【实践园】

1. 实操流程

①整理工作台→铺台布→骨碟定位。

②早餐摆位练习:整理工作台→铺台布→骨碟定位→餐具摆放→公共餐具摆放。

③零点午晚餐摆位练习:整理工作台→铺台布→骨碟定位→餐具摆放→公共餐具摆放。

2. 实操要求

①餐用具摆放按先后顺序,整齐美观地摆放在工作台上。

②注意餐具图案朝外摆放,使其图案、文字朝向宾客。

③拿取餐具注意手法卫生。

④台布中心与相对的两个骨碟三点呈一直线。

【思考与练习】

餐具摆放如何才能做到方便、美观、实用?

子项目三　开餐服务

【学习目标】

了解餐位预订的方式和预订要点;

掌握零点预订程序,能按程序正确受理餐位预订;

能热情、熟练地进行迎宾服务。

任务一　受理宾客预订

接听电话,接受预订,是迎送员的岗位职责之一。

【想一想】

在中秋节来临前,假如你受家人委托到某餐厅预订餐位,你需要告诉餐厅服务员哪些信息?

【前置作业】

模拟受理宾客就餐预订。

活动1:请学生们课前进行资料的收集,了解餐厅预订的方式以及内容。

预订的方式:

预订的内容:

其他:

活动2:以小组为单位,设计受理宾客预订的小品,将自己所设计的模拟受理宾客的就餐预定情况用小品的形式展示在大家面前。

要求:两人一组,一个扮演客人,一个扮演服务员,模拟练习受理客人当面预订。准备在课堂上向全班展示小组的学习成果,接受其他小组的点评、提问及质疑,同时与其他小组交流意见与看法。

活动日期:		活动主题:	
分工及角色:			组名:
	优　点	不　足	评　价
展示情况			优□良□ 中□差□
我的疑问			

【相关知识】

预订是客人预先要求饭店为其提供餐位、餐标、菜单、酒单等的服务。它是对订餐客人的一种承诺,即在约定的时间为客人保留餐位。做好预订服务能够很好地提升餐厅口碑,并形成良好的顾客回头率。

1. 预订的方式

预订的方式通常有当面预订和电话预订两种。

2. 预订的内容

预订的内容一般包括预订的来客人数、到达时间以及保留时间、联系电话及联系人姓名、具体细节及特别要求等。

3. 受理预订的程序

问候客人→聆听客人的预订需求→接受预订并确认预订→记录及相关事项。

（1）问候客人

做好预订服务能够很好地提升餐厅口碑，并形成良好的顾客回头率。如果是电话预订，应在电话铃响三声之前接听电话。当问清客人要预订时，需主动告诉客人自己的名字，并表示愿意为客人提供服务。

（2）聆听客人的预订需求

①礼貌地问清客人的姓名、联系电话、到客人数、到达时间以及座位保留时间、有无特殊要求等，并依次记录在预订本上；

②如果客人对餐厅的位置不太熟悉，应主动向客人介绍并回答客人的相关问题，并询问客人是否吸烟以及关于座位等方面的特殊要求，将信息记录在预订本上。

如果能够在接受预订时问清楚下面几个方面的问题，并根据顾客的个性化要求和特点做好相应的准备工作就能让顾客更满意：

a. 是否吸烟及座位要求：现在越来越多的顾客已经在意邻座客人是否吸烟了；餐厅座位的位置也有靠窗、角落、包房等的不同，主动地询问顾客，就能更主动地满足顾客。

b. 口味是否有禁忌：例如顾客不吃辣，或是回民等，提前询问清楚，方便区域服务员点单。

c. 有无特殊活动：例如生日、商务谈判、结婚纪念日、相亲见面等，这些都有不同的服务方式，得到这些信息，餐厅能够进行更好的服务。

（3）接受预订并确认

复述前面客人所提供的重要预订信息，看是否有错漏。如无错漏，询问客人是否还有其他问题，没有则可以礼貌地致谢并道别。

（4）预订记录及相关事项

零点餐厅设有预订登记本，接受预订后，需将预订的详细内容记录在预订登记本上。如有订好菜单的预订或大型宴会的预订，应填写预订单，并立即通知餐厅经理、厨师长、采购部门；如有未订标准或菜单的预订，则通知餐厅即可；如有特殊要求的预订，要及时通知餐厅总领班和厨师长。

【思考与练习】

　　1.受理电话预订时应怎样问候客人?

　　2.客人预订后未按预订时间到达怎么办?

　　3.客人预订后不来就餐怎么办?

　　4.客人用餐时间超出预订时间而影响到其他客人不能按时就餐怎么办?

任务二　迎宾服务

　　迎宾是公司的门面,是公司形象的窗口。迎宾工作是客人到达后对餐厅的首次接触,餐厅一向极其重视而指定专人负责,通常由领班或女带位员担任,其仪容仪表、礼貌素质、服务水准将给客人留下第一印象,使陌生的客人逐渐成为本餐厅的常客,因此对整个餐厅的形象服务产生极重要的影响。

【想一想】

　　餐厅迎宾员的主要工作是什么?

【前置作业】

　　客人进入餐厅时迎宾员是怎样接待的?

　　活动:考察酒店餐厅迎宾员的工作,简述迎宾员应具备的业务素质。

【探究乐】

　　活动:模拟练习迎送宾客,并写出迎送宾客程序的对话。

　　要求:以小组为单位由小组成员分别扮演服务员和客人,准备在课堂上向全班展示,同时与其他小组交流意见并分享收获。

【相关知识】

一、迎宾员的岗位职责

(一)岗位职责

　　站在餐厅大门两侧迎接客人入店,仪态端庄大方,面带微笑,见到客人进店须热情致以问候,并用"欢迎光临""您好"之类的礼貌用语,引领客人,帮助安排座位。了解熟悉本店的商品和服务内容,以便随时回答客人的询问。客人离店时,要同样热情地欢送客人,并使用"谢谢光临""欢迎下次光临"等礼貌用语。

(二)工作内容

①保管餐厅钥匙,每天上班前去客房餐饮部取回钥匙,并打开所有的餐厅门。

②按标准接听电话,向客人推荐并介绍宴会菜单。接受预订后,做好记录并通知厨房准备,通知餐厅当班领班按预订摆台。

③营业时间内,在餐厅门口欢迎客人,并引领客人到位。

④当营业高峰没有空位时,向客人认真解释,并先请客人坐在酒吧喝饮料。

⑤随时与餐厅服务员沟通,密切合作。

⑥客人用餐结束后,欢送客人,并表示欢迎客人再次光临。

⑦当班结束后,与下一班做好交接工作,营业结束后,做好收尾工作。

二、迎宾员的工作程序和标准

①对于初次见面的客人,应以真诚的态度、礼貌的语言去迎接,使他们感觉到真正受到尊重和欢迎。

②对单独光顾的客人,要愉快地打招呼,用"早安"(或"晚上好")、"欢迎光顾"等礼貌语言迎接客人,并为顾客寻找合适的位置,如靠近窗户的位置。

【小技巧】

当宾客到达时,迎宾员应于距离客人2米处向客人微笑致意,距离0.5米时要问好,用手势表示请进,并协助宾客存放衣帽、雨具等物品。

③对待常客应以自然热情的语气来接待,说:"来啦!"让客人有宾至如归的感觉。

例如:a."先生(小姐)中午(晚上)好,欢迎光临,里边请。"

若是熟客,应直接称呼:"×先生,中午(晚上)好,欢迎光临,里边请。"

b.若宾客是残疾人、老年人行动不便,应主动上前搀扶。

④若客人已订座,应热情地引宾入座。若客人没有订座,而餐厅又已满座或空台还没有收拾好,迎宾员应主动地介绍客人到候位区等候,并推销饮品。在无法确定有无预订的情况下应询问:"先生(小姐),请问您有没有预订?"若宾客表示有预订,应征求宾客意见,根据客人的要求订好餐位,用礼貌用语"先生(小姐)您订的是××餐厅(××号桌),请随我来(或您这边请)",并伸手示意,引领走在宾客侧前方2~3步,按客人步履快慢行走,将客人领至合适的餐位,征询客人意见:"您喜欢这个餐位吗?"如客人有异议,则重新安排餐桌。

⑤迎宾员为宾客安排让其满意的餐位,并与值台员合作,帮客人拉椅让座,请

客人入座,停立在座椅后一步左右的距离,微笑地表示欢迎,客人落座后询问客人有几位、是否等人。如顾客回答否定,随即撤走多余的餐具。

⑥最后递上菜单,伸手示意,用礼貌用语"请您先过目一下菜单"。迎宾员要将宾客就餐人数、单位、姓名、标准、特殊要求交接给值台服务员,用礼貌用语"祝各位用餐愉快",然后回到迎宾岗位。

⑦客人离开时应主动为客人开门,并道别:"您走好,欢迎下次光临。"

〔拓展知识〕

座位安排的艺术

将客人引入餐厅,并具有艺术性地安排客人就座使客人满意是优秀迎宾员的职责。以下是一些可供参考的做法:

①如是恋人让其坐在稍微僻静点的地方,心情忧郁的客人让其坐在靠窗的地方,有残疾的人让其坐在离门口近一点的地方,而喜欢热闹的客人则安排在餐厅的显眼位置。

②客人自主选择的原则(在不忙的情况下)。

③带领客人至一个座位时,除非客人要求,否则不可改变主意,变换座位。在餐厅中往返寻找座位,使客人无所适从,是尴尬而不恭的事。

④刚营业时,须先安排餐厅前段比较明显之处,使得餐馆不会显得冷清。

⑤带位时要考虑到顾客的心理,特别是老顾客。

⑥安排衣着华丽的客人坐于餐厅的中间,尤其是女性,对于餐厅的气氛会有很大的帮助。不过若出现两组衣着相互竞艳的客人,不可相邻安排。

⑦餐厅内角不碍道路的座位,可安排携带孩童的客人。

⑧安排年长的顾客和身体残疾者于出入口较隐蔽处,以便利其行动。

⑨安排服装或态度不能令人苟同者于较不明显的地方,以免引起其他客人的反感。

〔实践园〕

1. 练习迎送零点客人。

2. 两人一组,一个扮演客人,一个扮演服务员,模拟练习受理客人当面预订。

〔思考与练习〕

1. 如何做好预订工作?简述电话预订的订餐程序。

2. 如果餐厅座位已满,迎宾员应怎么做?

3. 怎样为不同的客人安排座位？

4. 案例分析。

一天晚上，一位下榻某星级宾馆的外宾来餐厅用餐。迎送服务员礼貌地用英语向他问候说："您好，先生！请问您有没有预订？"

客人微微一愣，笑着回答道："晚上好，我就住在你们酒店，现在想用餐。"

迎送员没有听明白，仍问客人有没有预订。客人不耐烦地告诉迎送员，前台让他来这里用餐，并拿出宾馆住宿卡让她看，迎送员看后，连忙带客人走进餐厅。

"请坐。"迎送员把客人引到一张靠窗的餐桌前。奇怪的是，客人不肯坐下，并摇头说出一串迎送员听不懂的英语。

迎送员愣愣地看着客人，不知所措。

此时，一位英语比较好的服务员走过来帮忙。经过询问才搞清楚。原来客人在前台说明要在酒店的西餐厅用餐，但他没有找到西餐厅，错来了中餐厅。而迎送员在没有搞清楚的情况下，就把客人引了进来。

迎送员听明白后，忙向客人道歉，并主动引领客人去西餐厅。

"晚上好，先生。欢迎您来这里。请问您是否住在我们酒店？"西餐厅的迎送员微笑着问候客人。

"晚上好，小姐。这是我的住宿卡。"客人满意地回答。

临进餐厅前，客人又转过身对中餐厅的迎送员说："你应该像这位小姐那样服务。"

请分析迎送员在接待客人时如何避免出现这样不规范的错误。

任务三　入座服务

入座服务是指迎宾员将客人引领到餐桌前，并安排入座后，由值台员为客人提供的一系列相应服务。

【想一想】

当客人入座后，由谁继续为宾客服务？其主要工作包括哪些内容？

【相关知识】

一、入席服务程序

客人入座之后，迎宾员与值台员交接，并协助值台员开展下一步的服务工作，其工作程序及服务标准如表2.5所示。

表2.5　入席服务程序表

程　序	工作标准及要求
递上菜单	1. 值台员为客人铺上餐巾 2. 值台员开始从主宾右侧依次递上小毛巾 3. 值台员为主人打开菜单第一页,将菜单送至主人手中
小毛巾服务	1. 客人入座后,为其提供第一次毛巾服务 2. 将放入毛巾盒的毛巾,摆放在托盘上 3. 从客人右侧提供服务,并遵循先女后男,先宾后主的服务次序 4. 将毛巾盒摆放在骨碟的右侧 5. 当客人用过小毛巾后,征得客人同意,将毛巾盒连同小毛巾一起撤下
铺餐巾	1. 客人就座后,值台员应上前为客人铺餐巾,并遵循先女后男,先宾后主的服务次序 2. 通常在客人右侧为客人铺餐巾;在特殊情况下,也可以在左侧为客人铺餐巾 3. 拿起餐巾,将餐巾轻轻对角打开,注意右手在前,左手在后,将餐巾轻轻地平铺在客人腿上 4. 如在左侧为客人铺餐巾,则注意左手在前,右手在后将餐巾轻轻地平铺在客人腿上
问位开茶	1. 礼貌地询问客人就餐的人数,并将多余的餐具撤下 2. 征询客人饮用何种茶水 3. 将茶水制备好后,依照先长后幼,先女后男,先宾后主的次序进行斟倒 4. 斟倒茶水以茶杯的七八成满为宜 5. 斟倒完毕后,须向壶内重新注满开水 6. 值台员在客人右侧,为每位客人脱筷子套

二、递香巾

香巾又称小毛巾,香巾必须洁净消毒,冬天要够热,夏天要微温。

香巾应用托盘端上,用香巾夹从双折叠处夹起,站在客人的右侧,递到客人的右手上,并对客人说:"先生/小姐,请用香巾。"

一般客到要递巾;上汤后要递巾;上炒饭后要递巾;上虾、蟹等需用手剥食的菜肴要递巾;上水果后要递巾;客人中途离席回来后要递巾等,用过的香巾要及时收回。

三、送茶

在中餐服务中,不论什么形式的接待,都应向客人问茶,根据宾客的需求泡茶送茶。

在客人用完迎客巾后,就应送上第一杯礼貌茶。斟茶时,左手托茶壶,站在宾客的右侧把客人的茶杯放到托盘内进行斟倒,一般倒七八分满即可,然后放回客人桌上,并礼貌地说:"请您用茶"。斟倒完毕后,须向壶内重新注满开水。

在未通知出菜前,服务员须经常巡视,及时冲水添茶。上菜前或斟饮料后,须把茶杯茶壶撤走。

客人吃完菜肴并上饭、面后,应及时送上第二杯热茶。

【实践园】

练习开餐服务全过程。

方法:以小组为单位,一人扮演服务员,一人或多人扮演客人,小组内点评。

要求:服务程序流畅,语言准确,动作规范。

子项目四 就餐服务

就餐服务是指把客人点的食品、饮料送到餐桌,并在整个进餐过程中照料客人的需要。

【学习目标】

能为宾客提供热情、周到的点菜服务;

能为宾客提供恰当的点菜建议。

任务一 点菜服务

点菜是宾客购买餐饮产品的初始阶段,形式虽然简单,但由于宾客对菜品的喜好程度不同,饮食习惯、方法不同,对餐厅供应的熟悉程序不同,对产品风味和产品价格的要求不同,所以要收到宾客满意的效果,并不是一件简单、容易的事。

【前置作业】

活动:请同学们以小组为单位收集各式的中餐零点菜单或图片,用 5 个关键词来概括你对中餐零点菜单种类及用途的认识,并概括其由哪些菜式种类构成。

要求:在课堂上派出组员对关键词进行解说,同时与其他小组交流意见与看法。

【探究乐】

设计菜单

活动1:请同学们以小组为单位设计一款中式菜单,并以2~3个菜肴为例,用5个关键词概括出菜名中包含了哪些信息。

要求:以小组为单位在课堂上展示学习成果,并派出组员进行解说,同时与其他小组交流意见与看法。

活动2:模拟为4位客人点菜。以小组为单位,由小组成员分别扮演服务员和客人。

要求:要求菜量适宜、荤素搭配;服务程序流畅、规范,语言运用准确、得体。准备在课堂上向全班展示小组的学习成果,接受其他小组的点评、提问,同时与其他小组交流意见与看法。

【相关知识】

一、菜单相关知识

(一)菜单构成

菜单又称菜谱,菜单内各项目的组合与排列要合理,虽然各地区、各菜系的排列顺序有所差异,但一般在内容上都会按上菜顺序排列,因为顾客习惯按上菜顺序点菜,也希望菜单按此顺序编排。

中餐菜单的排列顺序一般是厨师特选、冷盘、热菜(又可列为:猪肉、牛、羊肉、家禽、野味、海鲜、鱼类)、汤、时蔬、辅食(点心、甜品)、饮料。此外,还有一些名贵的菜肴如:鱼翅、燕窝、海参、鲍鱼等,也会根据餐厅经营方针,单列在菜单上。

(二)菜单的种类

菜单的形式一般有固定菜单、变动菜单。变动菜单又可分为附加菜单、当日或本周特选、招贴性菜单广告、宴会菜单等。

为了方便顾客对菜品的认识和点菜,很多餐厅的菜单是图文并茂。

菜单上一般都会把菜肴的价格明确地列出来,中餐菜单一般分列小份(南方俗称为例牌菜)、中份、大份几种形式,分别注明可供几人食用,因此,价格也有三个等级。菜单上的价格不能随意用笔涂改,以保持菜单的严肃性。

二、接受点菜

(一) 点菜服务程序

通常待宾客看过菜单后,服务员即可征询客人是否可以点菜。具体程序如表2.6所示。

表 2.6　零餐点菜服务工作规程

程　序	工作标准及要求
点菜前的准备工作	1. 了解菜单上菜肴的制作方法,烹调时间、口味特点和装盘要求 2. 了解菜单上菜肴的单位,即一份菜的规格和分量等,通常以盘、斤、两、只、打、碗等计量单位来表示 3. 掌握不同人数的客人所需菜肴的组成和分量要求 4. 了解客人口味及饮食需求。通过观察客人的言谈举止、年龄和国籍获得信息,同时掌握客源国饮食习俗知识,便于做好建议性推销
征　询	值台员为客人服务完茶水后,主动走到客人餐桌前,征询客人是否可以点菜
提供建议	1. 要有推销意识 2. 为客人介绍菜单以及本餐厅经营菜系的特点 3. 注意菜肴的荤素搭配,分量适中 4. 注意严禁强行推销餐厅产品
记录点菜内容	1. 在点菜单上写清客人人数、台号、日期及值台员姓名和送单时间 2. 将客人所点食品整齐地书写在点菜单上,一式四份 3. 将点菜单上客人所点食品按中餐上菜顺序填写 4. 接受客人点菜时,将点菜单放在左手掌心,站直身体,上身略向前倾。注意不能将点菜单放在客人餐台上记录 5. 认真清楚地记录下客人所点食品名称 6. 冷菜、热菜和点心分单填写。因为冷菜间、热菜厨房和点心间是分开的
复述确认礼貌致谢	1. 为确保点菜正确,应复述客人所点内容,让客人确认 2. 复述完毕后,服务员应回收菜单,并向客人表示谢意
送出点菜单	将客人的点菜单以最快速度分别送到厨房、传菜间、收银员三处,另一份自留,以备核查

目前,除了传统的点菜与填写入厨单以外,已出现了电脑化的点菜系统,而且随着电脑的普及,电脑点菜会更普遍。良好的电脑点菜系统是以传统的点菜功能为基础,因此餐厅服务员对上述传统的点菜与填写入厨单的处理方式,仍然需要掌握。

餐厅服务员在接受点菜后,不必开立传统的点菜单,只需从点菜终端机(图2.27)输入点菜的资料,如台号、客人数量、点菜项目与数量及特别要求等,这些资料就会立即存入电脑主机的硬盘中,而厨房的打印机也能立即自动打印出点菜单。

厨师根据电脑点菜单准备菜肴,收款员根据收银终端机随时调出点菜资料来开设账单,点菜终端机也可以随时调出点菜资料以

图2.27　无线点菜机

核对出菜是否有误。此外,收款员不需再花时间填写日报表,只要在终端机上按几个键就可以打出发票和出纳日报表。

(二)点菜服务方法

客人点菜时,服务员除了按基本程序和基本要求为客人服务之外,还应具备灵活处理特殊问题的能力。一般来讲,可以把点菜(点酒)服务的方法归纳如下:

①程序点菜法。按菜单、酒单上列出的类型和品种,请客人自己点,然后将其记录在单据上,再将单据交给厨房。

②推荐点菜法。是指按顾客的消费动机来推销。如遇到有些客人对菜单上的菜品不了解,或有些客人想点菜单上没有的菜时,就需要服务员推荐。因此,要求服务员有好的记忆力,能解释菜名等。

③推销点菜法。在点菜过程中,服务员应适时为宾客介绍厨师推荐菜、招牌菜、高档菜、时令菜、创新菜、酒水等能为餐厅赢得较高利润的餐饮产品。

④心理点菜法。这种方法是指按顾客的特性进行推销。炫耀型客人情感丰富、重友情、好面子、炫耀富有。慷慨邀请朋友,对菜肴不求快只求好。茫然型顾客有些是很少在外用餐,不知哪个餐厅好,不知吃什么好,对就餐知识和经验比较缺乏。习惯型顾客表现为喜好于某一餐厅的风味,某一厨师的名气,偏好一种或几种菜肴。在为这类顾客服务时,应注意与客人打招呼,并可问:"×先生,是和上次一样,还是另外点菜? 我们饭店新推出的××菜是您以前没有用过的,是否品尝一下。"

三、点菜的注意事项

①如客人赶时间,要主动推荐一些快捷易做的菜肴。

②对客人的特殊要求要清楚注明,并尽量满足客人。

③客人点了需较长时间烹制的菜肴,要主动向客人解释,告之等待时间,调整出菜顺序。

④若客人自己点菜时,服务员要过目检查,看清菜单所点菜式是否都有供应。

⑤若客人请服务员代为点菜,服务员要细心观察、了解顾客的风俗习惯、饮食习惯、人数、消费标准和口味要求,做出恰当的安排。一般情况下,运用看、听、问的方法了解客人的就餐目的,如看年龄、性别、态度、举止情绪;听口音判断籍贯和爱好;询问顾客所需。

【实践园】

1.练习为三口之家点菜,要求菜量适宜、荤素搭配。

2.练习推销菜价较贵的菜品,要求既要把菜品推销出去,又要让客人欣然接受。

3.客人所点菜品已卖完,练习用多种规范用语向客人解释。

【思考与练习】

1.中餐服务中,如何接受客人点菜?

2.如何向客人提出具体的建议?

3.点菜下单就是要想方设法让客人点菜、点贵的菜。这种做法对不对,为什么?

任务二 酒水服务

酒水是餐厅经营的主要内容之一。餐厅要向不同的宾客提供不同品种的酒水、饮料及服务。

【学习目标】

了解酒水种类、特点及其服务方法;

掌握斟酒动作要领、方法,能熟练地进行酒水服务。

子任务一　识别酒水

模拟为客人推荐酒水

活动:请同学们以小组为单位,收集餐厅酒单,在小组内交流并归纳其异同点。

要求:以小组为单位展示酒水单,并阐述酒水单中的酒水及其特点。

【相关知识】

一、中国酒知识

在我国,凡是含酒精成分的饮料都称为酒。酒的品种繁多,分类方法各不相同,有按生产工艺分类的、按商业习惯分类的、按服务性能分类的,还有按产地、颜色、品种等进行分类的。本章主要探讨中餐厅常见的酒水。

(一)按酒的特点分类

①白酒。白酒是以谷物及其他含有丰富淀粉的农副产品为原料,以酒曲为糖化发酵剂,经发酵蒸馏而成的高酒精度酒,其酒精度一般在30度以上。

决定白酒的好坏不是以酒度的高低为标准,而是以其风味、香气和滋味为判断标准。白酒的酒香比较复杂,香气十分丰富,并以其来划分白酒的种类,分为酱香型、浓香型、清香型、米香型和复香型五种,其代表名酒如图2.28、图2.29、图2.30、图2.31、图2.32所示。

图2.28　　　　　　　图2.29　　　　　　　图2.30

②黄酒。黄酒又称“老酒”“米酒”,是以谷物(主要是糯米和黍米)为主要原料,经过特定的加工酿造而成的一种低酒精度原汁酒,酒精度一般为12~18度之间,如图2.33、图2.34所示。

图 2.31

图 2.32

图 2.33

图 2.34

③啤酒。啤酒是用麦芽经糖化后加入啤酒花,由酵母菌发酵酿制而成的一种低酒精含量的饮料。酒度一般只有 2.5~7 度。

啤酒按其色泽可分为黄啤酒、白啤酒和黑啤酒;按其加工程序可分为生啤酒和熟啤酒;按其酒精含量可分为低浓度啤酒、中浓度啤酒和高浓度啤酒。

④果酒。果酒是选用含糖分较高的水果为主要原料酿制而成的低度原汁酒,酒度一般在 15 度左右。

果酒中品种较多的是葡萄酒,其他还有橙酒、苹果酒、山楂酒、荔枝酒等。

⑤药酒。药酒是以白酒、黄酒或果酒为基酒,加入各种中药材浸泡而成的一种具有药用价值的酒。

药酒因其用料和用酒不同,酒度也有所不同,又因其加入的中药材不同,其药用功效也不相同。

⑥露酒。露酒是以食用酒精为基酒,配以香花、异卉、果品、药材提炼的香料酿制而成的。

(二)按酒的酿造方法分类

酿造酒。酿造就是一种原汁发酵酒,它是将原料发酵后再直接提取或采用压榨方法获取的,酒度一般不超过 15 度,黄酒、果酒、啤酒等属于这种类型。

蒸馏酒。蒸馏酒是将原料发酵后,经一次或多次的蒸馏过程提取的高酒度的酒液。酒度不低于 24 度,白酒大都属于这种类型。

配制酒。配制酒是用白酒或食用酒精与药材、香料和植物等浸泡、配制而成的。酒度在 22 度左右。个别配制酒的酒精度高些,但一般不超过 40 度,药酒、露酒属于这种类型。

(三)按酒精含量分类

①高度酒。酒精度在 40 度以上的酒均为高度酒。
②中度酒。酒精度为 20~40 度的酒为中度酒。
③低度酒。酒精度在 20 度以下的酒为低度酒。

二、外国酒的分类

外国酒通常按配餐方式和饮用方式分类,可分为开胃酒、佐餐酒、甜食酒、香槟酒(汽酒)、餐后甜酒、烈酒、啤酒、鸡尾酒等。

(一)开胃酒

开胃酒也称为餐前酒,具有生津开胃,增进食欲之功效。它是以葡萄酒和某些蒸馏酒为主要原料配制而成,种类主要有味美思酒、必打士酒、茴香酒等。

(二)佐餐酒

葡萄酒是欧美人日常饮用的一种低酒精饮料,主要是用餐时与食物一起享用,因此葡萄酒也称为餐酒(外国人在进餐中极少用其他酒配餐)。种类主要有白葡萄酒、红葡萄酒、玫瑰红葡萄酒、香槟酒(汽酒)。由于葡萄酒含有丰富的维生素 B 和 C,因此,可以帮助消化,具有滋补强身的作用。

(三)甜食酒

甜食酒是以葡萄酒为基酒,加入食用酒精或白兰地,使酒中糖分不再发酵,从而保留天然的葡萄糖分,也增加了其酒精含量。常见的品种有雪利酒、波特酒、玛德拉酒等。

(四)香槟酒(汽酒)

葡萄汽酒是以葡萄为原料,通过特殊工艺让酒液在瓶中进行第二次发酵,使其在瓶中含有二氧化碳气体的葡萄酒。最典型的是法国香槟区产的香槟酒。香槟酒呈黄绿色,清亮透明,口味醇美,用餐时可与食物任意配饮,通常在宴会或庆典活动等较重要的场合饮用,如图2.35所示。

(五)餐后甜酒

餐后甜酒也称为利口酒,它是以食用酒精和蒸馏酒为基酒,加入各种调香材料并经甜化处理配制而成。餐后甜酒味道香醇、甜蜜,气味芬芳,颜色娇美,是极好的餐后酒,也是调制鸡尾酒常用的辅助酒。餐后甜酒的配制方法有浸泡法、蒸馏法和香精调制法,按调香物料的种类可分为果实利口酒、药草利口酒和种子利口酒等如图2.36所示。

图2.35

图2.36　利口酒

(六)烈酒

外国烈酒又称为蒸馏酒,按酿酒原料可分为谷物蒸馏酒、葡萄蒸馏酒和杂果蒸馏酒。在餐厅酒吧习惯把常用的蒸馏酒分为六大类:金酒、威士忌、白兰地、伏特加、朗姆酒、特基拉酒,如图2.37所示。

(七)啤酒

啤酒的主要原料是大麦麦芽、啤酒花、酵母、水、谷物,它们是影响啤酒风味和质量的五大因素。啤酒的成分十分复杂,主要是水,在酒精含量为4%的啤酒中,水占90%左右,因此对水质的要求较高。

(八)混合饮料

混合饮料是指两种以上的酒水混合在一起,通常在餐前或在酒吧中饮用。混合饮料中最受人们喜爱的是鸡尾酒,它以烈性酒为基酒,加以辅料酒、配料和装饰物调制而成。

图 2.37

三、饮料基本知识

我国饮料大体上分为三大类：一是茶、二是酒、三是软饮料。软饮料又称长饮，是指不含乙醇的饮料。各种矿泉水、牛奶、果汁、新地、巴菲、奶昔等，都是餐前餐后不可缺少的餐桌饮料饮品。

①矿泉水类(mineral water)。矿泉水是地下泉冒出地面的泉水或高山岩石中渗出的清泉，含有丰富的矿物质。它以水质好、无杂质污染，含有人体所需要的各种微量元素而深受人们的欢迎。

矿泉水可分为含汽矿泉水和不含汽矿泉水，其味有微咸和微甜或无味，饮之清凉爽口，可助消化。

著名的品种有：法国的皮埃尔矿泉水(perrier water)和依云矿泉水(evian water)。

②牛奶(milk)。牛奶含有丰富的蛋白质、脂肪、乳糖和人体所需的矿物质，如钙、磷以及维生素等。牛奶不仅营养丰富，且利于消化，极易为人体所吸收，没有任何一种单一的食品能和它相比。

③果汁类(juice)。果汁分为鲜榨、罐装和浓缩 3 种。

品种有橙汁、柠檬汁、菠萝汁、青柠汁、西柚汁、提子汁等。

各种果汁含有丰富的矿物质、维生素、糖类、蛋白质以及有机酸等物质。

④汽水类(aerated water)。汽水是一种含有大量二氧化碳气体的清凉解暑饮料。汽水中的二氧化碳对胃壁有轻微刺激作用，能加速胃液分泌，帮助消化，同时二氧化碳能很快从体内排出，带走人体的热量，使人饮后有凉爽的感觉。可分为：

奎宁水——汤力水、干姜水、苦柠水；

柠檬水——雪碧、七喜；

可乐类——可口可乐、百事可乐等。

⑤新地(sundae)、巴菲(parfait)、奶昔(milk shake)。新地又译作圣代,它是在冰淇淋上加上压碎的水果、果仁或果汁的冷食。巴菲是用糖浆或甜酒、冰淇淋、鲜果、干果等原料一层叠一层组成的冰糕。奶昔是用鲜牛奶、冰淇淋、果子、糖浆、冰块搅拌而成的带泡沫的冷冻饮品。

子任务二　为客人斟酒

斟酒是餐厅服务中的重要工作内容之一,斟酒技巧是餐厅服务员必须掌握的基本功之一,尤其在宴会服务中,斟酒的好坏显得更为重要。因此,要求服务员必须掌握正确的斟酒方法和要领,做到斟酒姿势优雅、先后有序、操作熟练而准确,既不滴不洒,又不少不溢。

〔想一想〕

怎样倒酒才能不滴洒、不溢沫、不妨碍客人用餐?

〔前置作业〕

模拟为客人推荐酒水

活动:以小组为单位进行模拟点酒,并根据客人所点的酒水提供斟酒服务。

要求:组内成员之间进行酒水服务技能交流与展示,小组互评。

物品准备:酒水单、托盘、红酒杯、烈酒杯、水杯、啤酒瓶、葡萄酒瓶、白酒瓶若干、垫布、开瓶器等。

场地准备:能容纳50人进行技能训练的实操室。

学生安排:其中1人进行操作练习,1人辅助准备工作,1人做客人,另外1~2人参照技能考评标准进行评价,轮换练习。

〔相关知识〕

一、斟酒准备

①准备好各种酒杯。斟酒前,检查桌面上的酒杯是否准备好。中餐宴会酒席一般选用3种酒:一种是酒精含量较高的烈性酒,如茅台酒、五粮液、汾酒及各种大曲酒和市场畅销的品种。随着低度酒的开发,我国南方目前有些宴会也喜欢选用酒精含量较低的白酒;另一种是酒精度数较低的果酒,如红葡萄酒,干白葡萄酒

等;除白酒、果酒外,大部分还会配饮啤酒、饮料、果汁或矿泉水等。

②中餐常备的杯具有:水杯、红酒杯、白酒杯、黄酒杯,如表2.7所示。

表2.7 中餐常备的杯具

常用酒水种类	酒 水	酒 杯
烈性酒		
黄 酒		
饮 料		
葡萄酒		

③按客人要求准备各种酒水。零点餐服务应按客人要求准备酒水。首先按客人要求到酒吧处购买(填写酒水单),填写酒水单要写清楚酒水商标、酒水产地、酒的年限、分量、价格、填单时间和填表人姓名等信息。宴会酒席按标准配备以外,如客人还有特别的需要则重新落单。

④根据各种酒品的饮用习惯提供服务。酒水领取回来后,在开启酒水之前,先请客人确认酒的品牌。示酒的方法:右手握酒瓶的颈部,左手用一块餐巾托住

图 2.38　示酒

瓶底,将酒瓶的商标朝向客人请其确认,并报酒品名称,待客人认可后,再当众开瓶,如图 2.38 所示。

因酒的不同其最佳的饮用温度也不同,服务员应根据各种酒品的饮用习惯,提供特殊的服务。

a.冰镇。白葡萄酒、玫瑰露酒、香槟酒、汽水和果汁,在斟酒前应冰镇。如啤酒的最佳饮用温度为 8 ~ 12 ℃,高级啤酒在 12 ℃左右,因此,啤酒、汽水类通常要事先冷藏;白葡萄酒饮用的温度宜为 7 ~ 13 ℃,因此,在服务这类酒时,应使用冰桶和冰块,预先将酒冰镇。

b.温热。黄酒,一般人都喜欢热饮,即用热水烫热至 40 ~ 50 ℃,且在酒杯中加入一枚话梅味道更佳。

c.室温。中国白酒习惯常温饮用。

d.其他。威士忌酒、伏特加、金酒和朗姆酒等酒品,应根据客人的要求加冰饮用、净饮或混合其他饮料饮用。

⑤开启瓶盖。零点餐服务先请客人确认酒的品牌,开启瓶盖或瓶塞后,应用干净的布巾,将瓶口擦拭干净,同时检查酒水质量,发现瓶口破裂或酒水有变质现象(如有悬浮物、浑浊、沉淀物)时,应及时报损调换。名贵酒只有当着客人面才打开瓶盖。常用开酒器有以下几种(图 2.39)。

二、斟酒要领

①斟酒位置与姿势。服务员斟酒时,站在客人右侧身后,面向客人,左手托盘,右手握瓶的下半部,尽量使商标朝向客人。

徒手斟酒,应左手持一块洁净的餐巾随时擦拭瓶口(图 2.40)。

托盘斟酒是餐厅常用的斟酒方法,斟酒时左手托盘,右手斟酒,托盘要始终保持平衡,斟酒动作要细腻、准确、自然(图 2.41)。

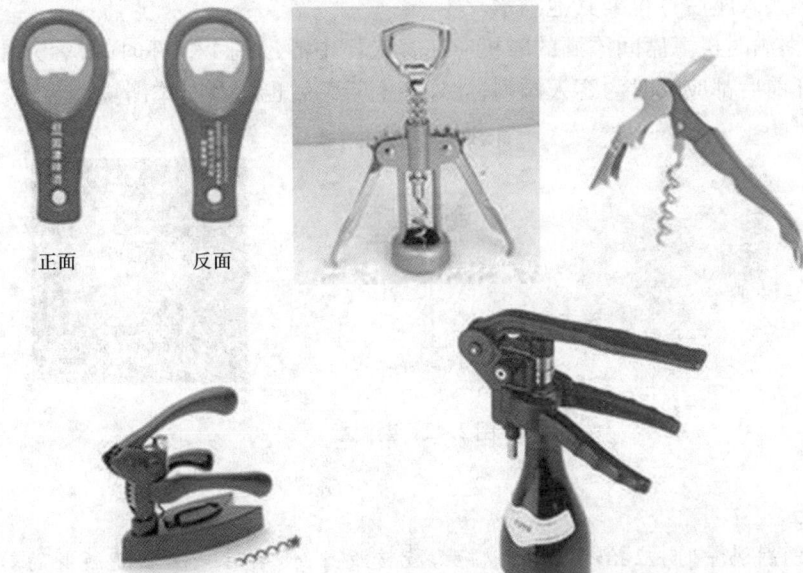

正面　　　　　反面

图 2.39　开瓶器

图 2.40　徒手斟酒

图 2.41　托盘斟酒

②斟酒量。中餐酒类,以斟八分满为宜,但白兰地酒只斟 1/5 杯(图 2.42)。

③斟酒顺序。普通酒席则在宾客入席后,按宴会的需要斟好啤酒或饮料,上菜前,再斟倒甜酒或烈性酒等。若需冰镇或加温的酒,则应在宴会开始上第一道热菜前为客人斟至杯中。

斟酒的顺序,从总体来讲,应从第一主宾位开始,再斟第二主宾,然后按顺时针方向依次斟倒,最后斟主人位。

宾客用餐选用不同种类的酒水时,应按酒水的不同进行排序,如宾客选用了白酒、红葡萄酒、可乐,此时斟酒的顺序应是:客人入座前,先斟好葡萄酒,再斟白酒,待客人入座后方可斟其他酒水。

④斟酒时机。席间添酒的时机应在客人杯中酒液剩 1/3 杯时,或客人相互敬酒、干杯前后都应及时为客人添斟,此外在上新菜后也应及时添斟。

图 2.42　斟酒量

[小技巧]

当酒斟满量时,应抬起瓶口,以腕力旋转瓶身,使最后一滴酒随瓶身的转动均匀地分布在瓶口边沿上,以免滴下。

三、斟酒注意事项

①斟酒时,不能站在客人左侧,不能左右开弓,不能隔位斟,禁止反手斟。

②倒酒时,瓶口不可在杯口上,更不可用瓶口压杯倾斜,应以相距杯口 2 厘米为宜。

③倒酒时,注意控制好酒液流出的速度。特别是斟啤酒时,一要速度慢,二要瓶口留有空隙,三要尽可能减少晃动,让酒液沿着杯的内壁徐徐流下,避免泡沫溢出杯外。

④啤酒、汽水混合斟在一只杯中时,应先斟汽水后斟啤酒,以防汽水对啤酒的冲击。

⑤席间添酒的时机应在客人杯中酒液剩 1/3 杯时,或客人干杯前后都应及时为宾客添斟。

⑥开启瓶盖或易拉罐时,不要向着客人,避免气液喷溅到客人。

⑦零点客人的酒水在斟好第一杯后,应全部放回客人餐桌上,若有空瓶、罐则及时撤走。

四、葡萄酒服务方法

①白葡萄酒服务方法:白葡萄酒和玫瑰红葡萄酒在供应前须冰冻,服务时将冰桶装 2/3 桶的冰和水;然后把酒瓶放进冰桶中冷却约 15 分钟,一般可达到并保

持适宜温度。

a. 把冰桶连同冰桶架放在主人的右后方。

b. 从主人的左侧把酒瓶呈示给客人,以求认可。示瓶的目的:表示对主人的尊敬;核实选酒有无差错;证明酒的质量可靠。

c. 把酒瓶放回冰桶并开启瓶塞。

d. 斟酒前,用餐巾包住酒瓶防止水滴下,先在主人的酒杯中倒 1/5 量,请主人品尝认可。

e. 待主人确认后,按顺时针方向,先女士后男士,最后主人的顺序斟倒,白葡萄酒一般倒 2/3 杯。

f. 席间,要经常为客人加酒,只要酒瓶中还有酒,就不能让客人的酒杯空着。

②红葡萄酒服务方法。

a. 在酒吧领出客人所点的酒后,从主人的右侧示瓶,求得认可。

b. 在餐桌或餐车上开瓶,让客人看到开酒的过程。

c. 将酒放置在餐桌上,稍使氧化,喝起来味道会更好。

d. 在上主菜前,先在主人的杯中倒入 1/5 量,请主人品尝认可,然后按顺时针方向,先女后男、先宾后主的顺序斟倒,红葡萄酒一般倒 1/2 杯。

e. 席间,要经常为客人添酒,注意不要把酒瓶全倒空,以防有沉淀物。

【实践园】

1. 练习温热酒水。

2. 练习示酒。

3. 斟酒姿势练习。在没有客人的空餐台上进行,重点放在站姿、手握瓶的姿势以及右手姿态上等。

4. 徒手斟白酒、红葡萄酒练习。在模拟客人面前操作,重点练习右手斟倒动作,如旋转瓶口、掌握酒量、控制流速以及展示酒标和擦拭瓶口等。

5. 托盘斟酒练习。在模拟客人面前操作,重点练习左臂的姿势,注意托盘的平稳度、托盘与身体的距离、服务员与客人间的距离等。

要求:以小组为单位,其中 1 人进行操作练习,1 人做客人,另外 1~2 人参照技能考评标准进行评价,轮换练习。

【思考与练习】

斟倒酒水前为什么要示酒?简述示酒的步骤。

任务三　菜肴服务

[学习目标]

　　了解上菜的顺序、时机及其方法；

　　能准确选择上菜位置，能准确报出菜肴名称；

　　能规范摆放菜肴；

　　能运用正确方法进行分菜服务。

　　菜肴服务，包括上菜、分菜，是餐厅服务人员的基本功，是客人就餐服务中的重要环节，其上菜程序、上菜位置、摆菜规格、快慢节奏等，都有一定的讲究。

[前置作业]

认识地方菜系

　　活动 1：请同学们收集中国各地方菜肴，了解中国菜的特点，介绍一至两个名菜名点的典故。

　　要求：以小组为单位，在小组内交流，并派组员在课堂上向全班展示。

模拟上菜

　　活动 2：模拟菜品介绍和上菜摆菜练习。

　　要求：以小组为单位，结合所了解的地方菜系相关特点进行模拟练习，探讨上菜最佳位置以及菜肴如何摆放更美观且便于取食，并派组员在课堂上展示、交流学习心得。

　　场地准备：能容纳 50 人的实操教室。

　　工具准备：直径 180 厘米的圆形 10 人标准宴会台、转盘、餐椅、240 厘米×240 厘米台布、圆托盘、方托盘、大小菜盘若干个、各色冷热菜肴的图片若干张（贴在菜盘内）。

模拟分菜

　　活动 3：小组以小品等方式模拟分汤菜，1 人扮演服务员，其余成员扮演客人，然后归纳分菜服务方法及注意事项。

　　要求：小组内自评，交流学习心得。

　　工具准备：方桌、直径 180 厘米的圆形 10 人标准宴会台、转盘、餐椅、240 厘米×240 厘米台布、圆托盘、方托盘、骨碟、大小菜盘若干个、红萝卜清汤 1 窝，长柄汤勺 1 个、汤碗 5 个、筷子 1 双、榨菜丝若干、餐刀、餐叉各 1 把。

步骤一　报出菜肴名称

在上菜服务中,准确报出菜品名称是上菜服务的基本要求。零点餐中,报出菜品名称,可使客人在看到菜肴的同时,核对自己所选的菜品与实际得到的菜品是否相符。而宴会服务中,报出菜品名称的同时,将菜肴的特点、烹制方法或者菜肴的传说与典故讲给客人听,会使客人增加品尝菜肴的期望与兴趣。

【想一想】

客人点完菜后就等着可口的饭菜上桌了,从哪儿上菜? 什么菜先上什么菜后上? 菜上桌后怎么摆放最美观?

【相关知识】

一、传菜用具及传递菜肴要求

传菜的工具一般由传菜员负责。传菜一般使用中方托盘端托菜肴。

传菜员主要负责控制出菜质量。每一道菜做好后,应首先由传菜部领班对菜肴的分量是否合格进行核查,凡不符合要求的菜肴立即退还厨师长。传菜员须确认菜肴与客人点菜单相一致后,才可将菜肴送至餐厅。

为了控制好出菜质量,传菜员与值台员应配合做好菜品的质量和分量检查工作。传菜员在端菜盘时要注意卫生、注意冷热程度、注意确保菜品的质量,做到"八不端",即发现宗教禁忌食品不端,拼摆不整齐的不端,不新鲜、变质的不端,热菜凉了的不端,色泽不好的不端,分量不准的不端,火候不当的不端,菜盘残边的不端。

菜品送上餐台之前,值台员再次核查菜肴质量与分量,保证菜肴的品名、分量与客人点菜单相一致,然后再将菜肴上餐桌,否则退回厨房,请厨师长解决。

二、准确报出菜品名称

菜肴的名称有的属写实性命名,有的则以寓意命名,还有的以仿真命名。菜肴命名的原则:一是要名实相符,反映菜肴的全貌和特色,便于顾客易懂选用。二是要雅致贴切:既要朴实明朗,又要工巧含蓄,使人易懂,且具有文采性。

①写实型菜肴名称。大多数菜品名称属于写实性命名,常见的组合形式有:

a.以烹调方法来定名:此法定名的较为普遍。如干煎虾碌、酥炸多春鱼、清蒸滑鸡、油泡虾仁。

b.以烹调工具来定名:突出烹制及盛装此菜的特殊炊具,显示此菜的特殊风味。如挂炉鸭、铁板牛柳。

c.以调味品来定名:对调味有特色的菜肴较为适宜。如蚝油牛肉、茄汁鱼块、糖醋排骨。

d.以菜肴形状来定名:象形菜,造型要求高,多用于宴会酒席上。如琵琶虾扇、象形拼盘、凤尾鸡。

e.以主副料与烹调方法相结合来定名:用于主副料搭配有特色的菜。如鲜菇扒菜胆、火腩焖大鳝、鲍汁辽参、扣鹅掌。

f.以色泽来定名:目的在于突出成品的色泽。如五彩鸡丝、白汁鱼腐、三色鲜虾仁。

g.以地名来定名:标明原产地,反映地方风味特色。如海南椰子盅、东江盐焗鸡、白云猪手、大良炒牛奶、黄埔炒蛋。

h.以世界各国地名来定名:反映了粤厨与五大洲烹饪技术的交流。如非洲酿龙虾(炸龙虾)、印度薯仔鸡(咖喱马铃薯焖鸡)、意大利乳鸽、葡萄牙多士(煎酿多士)、美利坚虾球(吉列虾球)、俄罗斯肉扒。

②寓意性菜名。寓意性菜名在各个菜系中都有,尤其在地方菜中应用更多。如西湖醋鱼、佛跳墙、麻婆豆腐、叫化鸡等。

餐厅服务员在向客人报菜名的同时,将带有典故与传说的内容一并报给客人,既丰富了服务内容,又活跃了就餐气氛,同时也提高了客人的进餐情趣。上寓意菜肴时,除了要报清楚菜名外,还要介绍菜名的由来,以便增添客人的饮宴情绪,加深客人对饮食文化的了解。

③仿真性菜品名称。仿真性菜品名称常用于素菜荤名,如炸响铃、赛螃蟹等。餐厅服务员在为客人服务这类菜品时,报出菜名时,要同时将制作此菜品的主要原材料如实告知,以免造成客人的误会。

三、介绍菜肴特点

中国烹饪源远流长,享誉世界,其烹饪技术融汇了各民族烹调技艺的精华,使我国菜肴形成了具有中国特色的许多特点。

(一)中国菜肴的主要特点

①菜肴品种丰富。中国菜肴历来以风格各异、品种繁多著称于世。就风味而言,有各具特色的地方风味,有珍馐罗列的宫廷风味,有制作考究的官府风味,还有不同民族的独特风味;就菜式品种而言,有乡土气息的民间菜式,有经济方便的大众菜式,有精彩纷呈的宴会菜式,还有传统的疗疾健身的药膳菜式。据有关资料统计,我国菜肴花色品种在万种以上,且色彩不一、形态各异、口味不同、技法多

样,从而使中国菜肴构成了群星璀璨、精美绝伦的美食世界。

②烹调方法多样。中国菜肴的烹调方法源远流长,近几千年的历史长河中,经过历代劳动人民的实践,特别是从事烹饪的厨师们的不断创造,形成了数十类近百种烹调方法,同时各菜系又有许多地方特色的烹调方法。热烹、冷制、甜调是集烹调方法之大成的三类,其中每类的烹调方法少则数种,多达数十种,这些都是外国菜肴无法比拟的。

③选料讲究。美味佳肴取决于厨师技艺的高低,而技艺的高低与正确地选用原材料又有非常重要的关系。中国菜肴选料严谨乃千古之遗风。古今厨师历来对选料严肃认真,毫不马虎,质量上力求鲜活且讲究时令,不同的菜肴选料有不同的要求。地方名菜的选料更为精细,一般都选用当地的原材料和调味品。今日中国的菜肴的选料不仅集前人之精华,而且不断地向合理化、科学化的方向发展。

④刀工精细。刀工是制作菜肴的一个很重要的环节。中国菜肴对原料加工讲究大小、长短、精细、厚薄一致,以保证原料受热均匀,成熟度一样。我国厨师创造了直刀、斜刀、花刀、平刀等多种刀法,并能根据原料的特点和制作菜肴的要求,把原料切成丝、片、条、块、丁、坨、段、粒、茸、末等各种形态,不仅便于烹煮和调味,又能使菜肴外形美观。

⑤配料巧妙。烹制菜肴,除选择好主要原料外,还要各种辅料和调料来拼配,才能使菜肴丰富多彩、滋味调和。中国菜肴历来讲究主辅料的拼配技术,擅长拼制各种平面的和立体的象形拼盘,使菜肴不仅具有食用价值,而且具有艺术欣赏价值。以致一些外宾对中国许多配料精妙的造型菜肴,常常叹为观止,不忍拆散,争相摄影留念。

⑥调味丰富多彩。善于调味是中国烹饪的一大特色,也是形成菜肴丰富多彩的重要因素之一。中国菜肴历来重视原料互相搭配,滋味互相渗透,交流融合,以达到去除异味、增加美味、丰富口味的目的。在中国菜肴中,如咸鲜味、咸甜味、甜酸味、麻辣味、香辣味、鱼香味等,素为人民群众所喜爱。广大厨师除了善于掌握各种调味品的比例外,还能巧妙地使用不同的调味方法,有的在菜肴加热前调味,有的在加热中调味,有的在加热后调味,从而使每个菜品均有特殊的风味。

⑦精于运用火候。中国菜肴千姿百态,风味各异,精于运用火候也是重要原因之一。中国烹饪对火力、火度、火势、火时诸因素均有讲究。为了保持菜肴的鲜嫩,须用旺火,火力要大,火度要高,火势要广,火时要短,否则菜肴就会疲沓变老。煨煮的菜肴要用文火,火力过大则会使菜肴汤汁干枯。有的菜肴需先用大火,后用文火,不然就会夹生。对于什么菜肴运用什么火候,我国厨师在长期实践中,积累了丰富的经验,就像用什么钥匙开什么锁一样,得心应手,运用自如。

⑧讲究盛装器皿。古人曾经说过"美食不如美器",这是有一定道理的。菜肴

与盛装器皿的完美结合,是形成中国菜肴绚丽多彩的重要因素,同时亦能体现强烈的民族风格和浓厚的生活气息。中国菜肴讲究盛装器皿,有如下几个内容:

a.讲究色调和谐。菜肴与器皿色调和谐,强弱适当,因盘盛菜,水乳交融,是中国菜肴独具的特色。

b.讲究形态的匹配。中国菜肴种类繁多,食器形态各异,因而比较讲究菜肴与盛器的匹配,使食与器互相衬托。菜肴为之增色,席面因而生辉。

c.讲究大小相称。菜肴与盛器大小要相称适宜,菜量不超过盆沿,汤菜以八成满为宜。

d.讲究美食美器。我国是瓷器的故乡,瓷质餐具品种繁多,有如冰似玉的白瓷,有蓝如天、明如镜的青瓷,有紫红发亮的朱砂陶瓷,还有镂纹刻花的银制餐具。美食美器在我国具有得天独厚的条件。

(二)中国菜肴的主要烹调方法

①烹调的作用。烹,就是对烹饪原料加热使之成熟。烹的作用是:

a.杀菌消毒;

b.使食物中的养料分解,便于人体消化吸收;

c.使食物中的香味透出;

d.使各种食物原料的滋味混合成复合味;

e.使食物的色泽鲜艳、形状美观。

调,就是通过加入适当的调味品使菜肴滋味鲜美、色泽美观。调的作用是:

a.除去异味;

b.使味淡的原料增加美味;

c.确定菜肴的滋味;

d.增加菜肴的色彩。

烹和调的结合,是使烹饪原料与调味品在加热过程成为美味佳肴。

②调料的应用:调料又称调味品,分为作料和佐料两大类。

a.作料:是烹调时用来消除菜点原料的异味,增加美味的调味品。

作料按其性质可分为:植物类,如葱、姜、蒜、辣椒、香菜、胡椒、花生油、芝麻油等。动物类,如猪油、牛油、蚝油等。人工配制、加工类,如咖啡油、鱼香汁、鱼露汁、糖醋汁等。

作料的味型分单一味型和复合味型。单一味型如咸味、甜味等;复合味型是由两种或两种以上的基本味混合调制而成的,如甜酸味、咸鲜味等。

b.佐料:是进餐时用于佐食菜点的调味品。中餐常用佐料可分为植物类、人工复合类、腌制类,如汁、酱、蘸料等。

佐料是为了增加食品的鲜美,根据食品的不同烹制方法,跟配不同的佐料加以调味,以满足不同顾客的口味要求,同时对突出菜肴的特殊风味起到锦上添花的作用。

不同风味的菜肴须跟上与之相配的佐料,而任何地区的菜肴,佐料的跟配有各自的特点。总的原则是,跟配菜肴的佐料应能调起菜肴的风味,保持其菜肴的独特特点。

③中国菜肴的主要烹调方法。烹调方法是我国烹调技艺的核心,以油传热的有煎、炒、炸、溜、爆等;以水传热的有汆、烩、煮、焖、烧等;以蒸汽传热的有蒸、炖、煨等;用空气传热的有烤、烘、炕等;以其他物料传热的有盐焗、泥焗、烙等。

四、介绍中国菜肴的方法

中国菜肴,一菜一式,一菜一法,一菜一味。由于中国菜肴有着种种相同与种种不同的特点,因而形成了中国菜肴的特点。因此,餐厅服务员在向客人介绍菜品时,可根据菜品的不同特点,各有侧重地介绍,常见有以下几种:

①原材料特点的介绍。向客人报菜名后,应向客人介绍菜肴所用的主要原料,使客人在消费选择时更具有直观性。

②烹调方法特点的介绍。向客人介绍烹调方法的同时,也是宣传烹饪技艺的过程,不同的烹调方法的介绍,能提供给客人口感先知的服务。

③菜品特色的介绍。使客人对食品产生兴趣,从而提高客人的认选率。

④菜品口味特点的介绍。将各种不同菜肴的不同口味逐一向客人介绍,可以给客人创造多种选择的余地,从而满足客人不同需求的心理。

⑤特殊食用方法的介绍。在种类繁多的菜肴中,有些菜肴食用方法很简单,有些菜肴是需要跟配各种不同的调料及佐料,如片皮乳猪、北京烤鸭、拔丝类菜肴等菜肴,因此,餐厅服务员应根据不同菜肴的食用方法,将具体的食用方法向客人进行介绍,以期达最佳的食用效果。

【拓展知识】

中国地方菜系及其风味特点

所谓地方菜系,是指某一地方的菜肴在选料、加工、烹饪、调味等方面形成独特的并富有浓厚地方色彩的流派和完整的体系。社会上普遍认同的地方风味菜系有山东菜、江苏菜、四川菜、广东菜等。

(一)山东菜(简称鲁菜)

山东菜的构成:山东菜源于春秋时期的齐国和鲁国,由济南菜、胶东菜和济宁菜构成,既有大陆菜肴又有沿海菜肴,其影响遍及北京、天津、华北平原及东北三省。

山东菜的风味特点:山东菜素以浓少清多,醇厚不腻见长;注重鲜、香、脆、嫩;技法偏重爆、炒、烧、扒、蒸;善于制汤和用汤,海鲜菜尤见功力。其风味特点有十六字诀:鲜咸为本,葱香调味;注重用汤,清鲜脆嫩。

山东菜的著名代表菜:山东名菜有清汤燕菜、奶汤蒲菜、九转大肠、糖醋黄河鲤鱼、油爆双脆、德州扒鸡、博山烤肉、扒原壳鲍鱼、清蒸加吉鱼、绣球干贝等。名点有福山拉面、粮酥煎饼、杠子头火烧等。

(二)江苏菜(简称苏菜)

江苏菜的构成:江苏菜源于春秋时期的吴国,由淮扬菜、南京菜、苏州菜和徐海菜构成,其影响遍及华东和长江中下游。

江苏菜的风味特点:淮扬菜选料严格,讲究鲜活、鲜嫩,刀工精细,醇厚入味。南京菜口味醇和,菜式细巧,鸭馔佳肴,远近闻名。苏州菜口味趋甜,配色和谐,清新爽适,浓淡相宜。徐海菜鲜咸为主,五味兼备,风格淳朴,注重实惠。

江苏菜系烹调上擅长炖、焖、蒸、烧、炒、煨、煎、叉烧等。其风味特色是清鲜平和、甜咸适中、浓而不腻、烂而不糊、原汁原味原色。

江苏菜的著名代表菜:江苏名菜有清炖蟹粉狮子头、金陵圆子、水晶肴肉、盐水鸭、松鼠鳜鱼、煮干丝、荷包鲫鱼等。名点有苏州糕团、太湖船点、扬州茶点、夫子庙小吃等。

(三)四川菜(简称川菜)

四川菜的构成:四川菜起源于秦汉时期的巴国和蜀国,以成都菜、重庆菜为主,遍及整个天府之国及云贵高原和湘鄂陕边界。

四川菜的风味特点:四川菜讲究色、香、味、形;享有"一菜一格、百菜百味"之誉;烹调技法上讲究刀工、火候,尤以小煎小炒、干烧干煸见长。其风味特点以清鲜醇浓并重、麻辣辛香著称。

四川菜的著名代表菜:四川名菜有宫保鸡丁、棒棒鸡、樟茶鸭、麻婆豆腐、水煮牛肉、回锅肉、鱼香肉丝、毛肚火锅等。名点有赖汤圆、红油水饺、担担面等。

(四)广东菜(简称粤菜)

广东菜的构成:广东菜源于秦汉时期的南越,它由广州菜、潮州菜、东江菜构成,影响遍及岭南和港澳地区。

广东菜的风味特点:广州菜选料广、配料多,善于变化和创新,注重季节口味,夏秋清淡,冬春浓郁,食味讲究清、鲜、嫩、爽、滑、香。潮州菜以烹调海鲜见长,刀工讲究,口味清纯,偏重香、浓、鲜、甜,善用酱料、佐料,甜菜较多。东江菜主料突出,油重味咸,讲究香浓,有独特的乡土风味。

总的来讲,广东菜的风味特点是选料广,用料杂,变化多,有浓厚的地方风味,菜肴突出鲜、爽、嫩、滑、五滋六味俱全。

广东菜的著名代表菜:广东名菜有烤乳猪、龙虎凤蛇羹、炖禾虫、烧雁鹅、豆酱鸡、护国菜、东江盐焗鸡、东江酿豆腐等。名点有:艇仔粥、煎堆、沙河粉、娥姐粉果、虾饺、马蹄糕等。

(五)浙江菜系(简称浙菜)

浙江菜系由杭州菜、宁波菜、绍兴菜组成,其中以杭州菜为代表。

杭州菜形成于南宋时期,刀工讲究,制作精细,口味具有清淡、香脆、细嫩的特色。宁波菜多以烹制海鲜为主,特点是鲜香、清淡、酸甜。绍兴菜以制作河鲜、家禽为主,口味香酥绵糯,滋味浓重,富有乡土风味。名菜有:西湖醋鱼、龙井虾仁、杭州酱鸭、三丝拌蛏、丝瓜卤蒸黄鱼。

(六)福建菜系(简称闽菜)

福建菜系由福州、泉州、厦门等地方菜组成,以福州菜为代表。烹调的原料多为海味品。菜肴的特点是:色彩绚丽,味鲜而清淡,咸中略带酸甜。名菜有:佛跳墙、鸡汤川海蚌、福寿全、太极明虾等。

(七)安徽菜系(简称徽菜)

安徽菜发源于安徽的徽州,以擅长烹调山珍(果子狸、山鸡、斑鸠、野鸭)和各种河鲜(鲥鱼、鳜鱼、河虾、河蟹)而著称。突出口味特点是三重,即重油、重色、重火功。名菜有红烧果子狸、雪冬烧山鸡、葫芦鸭子、蟹黄虾盅等。

(八)湖南菜系(简称湘菜)

湘菜源远流长,至今已有2 300多年的历史。它不仅品种繁多,琳琅满目,而且风味独特。其显著特点:一是刀工精妙,形味兼美;二是长于调味,酸辣著称;三是技法多样,尤重火煨。湘菜主要由长沙地区、洞庭湖区和湘西区三种地方菜组成。

长沙地区菜:由长沙菜、衡阳菜、湘潭菜组成,是湘菜的代表。长沙是湖南的省会,历史上一直是官府衙门的集中所在地,名人荟萃,商贾云集,湖南的官府菜多发源于此地。洞庭湖区菜:以常德、岳阳两地为代表。以烹制河鲜、水禽见长。

湘西山区菜:擅长烹制山珍野味,各种菌类菜肴,烟熏腊味、腌菜也颇负盛名。

湖南菜系的名菜品种较多,主要有:东安子鸡、麻辣子鸡、辣味合蒸、发丝百叶、口蘑汤泡肚。此外,名菜还有柴把鳜鱼、原汁水鱼、冰糖湘莲、黄焖鳝鱼、油淋仔鸡等。近年,广大湘菜厨师又发展了一大批色、香、味、形俱佳的创新菜,如麻仁香酥鱼、锅贴兰花冬笋、荷花鸡腿、葵花虾饼、水晶鹌鹑蛋等。

(九)北京菜系(简称京菜)

北京菜是从元、明、清等封建王朝的宫廷御厨和王府家厨逐步流传演变而来的。北京菜肴选料广泛,刀法精细,烹调讲究,造型美观,注意营养卫生。其显著特点是:突出主料,菜名朴素,经济实惠,重视色、质、味、器,兼顾形的华美,以咸为主,其他口味相应配合。名菜有北京烤鸭、涮羊肉、银耳鸭舌、蜜汁樱桃肉等。

(十)上海菜系(简称沪菜)

上海菜系是一个年轻的菜系,约有200年的历史。由于上海是我国最大的工商城市,是海运中枢和进出口重镇,南来北往的人员云集,饮食市场逐渐繁荣。沪菜在吸收15个上海帮派长处的基础上,融汇西餐菜肴风味而自成体系。特点是汤卤醇厚,重视原味,咸淡适宜,雕刻华美。名菜有椒盐蹄膀、五味鸡腿、双色鸡片、炒毛蟹等。

(十一)湖北菜系(简称鄂菜)

湖北菜系主要由武汉、荆州和黄州(即今天的黄冈市)三种地方风味菜组成。鄂菜擅长蒸、煨、炸、烧、炒,讲究汁浓,芡稠、口重、色纯。其主要特点是:注重刀工,善于变化,强调配色,注意造型,具有朴实的民间色彩和浓厚的乡土气息。名菜有:武昌鱼、糖醋麻花鱼、双黄鱼片、粉蒸肉、烧野鸭等。

步骤二　为客人上菜

上菜是服务员将冷、热菜按规格和一定程序奉上餐桌的一种服务方式。每道菜的上菜过程由传菜员和值台服务员配合完成,它包括端托、行走、上菜、摆菜、分菜及撤盘等工序,每道工序都讲究一定的技艺性。

【想一想】
客人点完菜后就等着可口的饭菜上桌了,从哪儿上菜?什么菜先上什么菜后上?菜上桌后怎么摆放最美观?

【相关知识】

一、上菜的顺序和时机

①上菜顺序。中国菜系很多,菜肴设计各有特点,其上菜顺序也不完全相同。

北方的做法大致是:冷盘菜、热炒菜(较名贵的菜)、大菜、主食、汤菜、甜菜(随上点心)、水果。

南方的做法大致是:冷盘菜、热荤菜、羹汤、大菜、鱼菜、饭面、甜品、点心、水果。

但总的来讲,上菜顺序应根据宴会的种类特点和需要,按照各地传统的饮食习惯,以及宾客的就餐要求,合理、科学地安排。掌握的原则是:先冷后热,先菜后点,先炒后烧,先清淡后浓郁。如客人对上菜有特殊的要求,可灵活掌握。

②上菜时机。上菜应根据餐别、各地的上菜规则和习惯,根据宾客的要求和进餐速度灵活掌握上菜时机。

一般中餐酒席在宾客到齐后开始上冷盘菜,开始吃冷盘菜时,就可以上热荤菜,待冷盘、热荤菜被吃完半数就开始上羹汤、大菜,一般在上最后一道菜时,要低声向宾客打招呼。

二、上菜的位置和方法

服务员在为客人上菜时,应选择正确的位置,一般应以不打扰客人为原则。中餐宴会上菜一般选在陪同和次要客人之间,并始终保持一个位置上。

上菜时,传菜员将菜肴放在托盘内端至桌前,餐厅服务员侧身用右手上菜,把菜品送到台上,报清菜名,然后按顺时针方向旋转一圈,等客人观赏完菜品后,转至主宾面前,让其品尝。上下一道菜品时,将前一道菜移到其他位置,将新菜放在主宾面前,残菜应随时撤下,但不要撤得太多,及时调整菜盘,注意盘与盘之间的距离,以保持桌面整洁、美观。

中餐零点上菜与宴会上菜基本相同,但应注意上菜时不能选在老人或儿童身边,以免发生意外。

中餐上菜方式有三种,一是转盘式的服务,二是旁桌式分菜服务,三是席上派(让)菜。若采用转盘式的服务,上菜位置在副主位左(右)侧第一和第二客人席位之间,侧身将菜盘放在转盘中间。

采用席上派(让)菜和旁桌式分菜服务,上菜位置在正主位右侧第二和第三客人席位之间,先将菜上席,让客人观赏并介绍菜名或特色然后,将菜撤到事先准备好的托盘里或分菜台上进行分派。

三、摆菜

摆菜是上菜的继续,是指将上台的菜肴按一定格局摆放好。菜肴要注意摆放位置,指导原则是:尊重主宾,礼貌待客,讲究造型,方便食用。

摆菜时要求按一定的格局摆放菜盘,做到每上一道菜,都将餐桌上的菜盘进行一次调整,使之保持"一中心""二平放""三三角""四四方""五蝴蝶""六梅花"等形状。

无论是冷菜、热菜或是造型菜,其正面(观赏面)都应朝向正主位,其他菜肴也应将菜面朝向四周,如小碟冷盘在主冷盘四周,正面朝向宾客,同时注意荤素、颜色、口味的搭配摆放。

如果上整鸭、整鸡、整条鱼时,中国传统的礼貌习惯是"鸡不献头,鸭不献掌,鱼不献脊",即上菜时将其头部一律向右,脯(腹)部朝主人,表示对客人的尊重。但在我国南方,则将其头部朝向正主位,以表示对主人的尊重。

四、上菜规范

①菜点送到工作台后,应先作检查,核对菜单,并报出菜名;特殊菜肴应作简单介绍。

②上菜之前要先腾出位置,不能使菜盘相互叠摆压边。

③上菜前,中盘以上的或带多汁的菜肴加上公勺。

④新上菜肴应先通过转台转至主宾面前。

⑤上菜时要有示意,切忌从客人头上越过。

⑥上菜时,有佐料的菜要同时跟配佐料,注意先上佐料后上菜。

⑦上带壳的菜肴,应先上毛巾、洗手盅,上煲窝类一般加垫碟上席。

⑧上中盘以上的多汁菜肴或炒丁、炒饭等要加公匙。

⑨满桌时可以将大盘的菜换小盘、合并或帮助分派。

⑩零点餐服务中,为避免客人夹菜出现的卫生问题,每上一道菜应跟上一双公用筷子。

⑪菜肴摆放要讲究造型艺术,尊重主宾,方便食用。做到冷菜主盘正面及热菜头菜正面朝向第一主人位,其他菜肴上桌时应将菜肴面朝向四周,使所有上桌的菜均形成正面朝向客人。

五、特殊菜肴的上菜方法

①拔丝类菜肴。上拔丝类菜时,要托热水上,即用汤窝盛装热水,将装有拔丝菜的盘子搁在汤窝上用托盘端送上席,并跟凉开水数碗。托热水上是为防止糖汁

凝固,以保持拔丝菜的风味。

②易变形的菜。此类菜一出油锅须立即端上席。上菜时要轻稳,以保持菜肴的形状和风味。

③有声响的菜。锅巴类有声响的菜,一出锅就要以最快速度端上席,随即把事先调制的汤汁浇在菜肴上,使之发出响声。操作时动作要连贯,不要耽搁,否则菜肴会变得无声无息,也不焦脆可口了,从而失去菜肴风味。

④原盅炖品。原盅炖品上席后,要当着客人的面启封,以保持炖品的原味,并使香气在席上散发,引起客人的食欲。揭盖时要快速反转移开,以防汤水滴落客人身上。

⑤泥包(或面包)、纸包、荷叶包的菜。上此类菜时,要先上席让客人观赏后,再拿到操作台上当着客人的面打破或启封,以保持菜肴的香味和特色。

【操作提示】

报菜名时要声音洪亮,吐字清晰。

六、上菜服务用语

①上菜时应礼貌向客人表示:"对不起,打扰一下!""请品尝!"

②上第一道菜时应向客人表示:"对不起,让您久等了,请慢用!"

③上最后一道菜时要及时告知客人:"菜已上齐,还需要什么请随时吩咐!"

步骤三 为客人分菜

分菜是餐饮服务中技术性很强的工作。无论是零点餐还是宴会,服务员都必须为客人分汤菜。分菜又称为让菜。中餐分菜通常可在宾客餐桌旁放置一辆服务车(或服务台),准备好干净的餐碟或汤碗放在服务车上的一侧,备好叉、匙或汤勺等分菜分汤工具,待宾客观赏后,由服务员依次将菜捧给宾客。

【相关知识】

一、分菜用具及使用方法

菜品端上餐台之前,值台服务员要准备好分菜所用的各种餐具及用具。要熟悉掌握分菜技巧,必须对各种菜肴的烹制方法、特点等有较好的了解,才能在实际操作中运用自如。

(一)分菜用具

中餐分菜用具有:分菜叉、分菜匙(或称服务叉匙)、长柄汤勺、公筷、餐刀叉等。常用分菜用具如图2.43所示。

图2.43 分菜工具

(二)服务叉匙的使用方法

右手拇指和食指捏住分菜叉,中指、小指在外,无名指在内夹住分菜匙,匙心向上,叉在上匙在下进行夹菜。

分菜时,左手握长柄汤勺,右手持服务叉匙。分汤时,右手拿长柄汤勺,左手自然放在背后。

二、分菜方式

中餐分菜方式分为:转盘服务的席上分菜;走动服务的席上派菜;旁桌式的分菜台分菜。

(一)席上分菜

席上分菜分为一人操作和两人合作分菜,一般适合于团体用餐、普通酒席的服务。

一人操作时,先收掉脏餐碟,菜上席后介绍菜名,然后将干净餐碟围转盘摆放。分菜时,左手拿汤勺,右手持服务叉匙,将菜肴均匀地分到每个餐碟里,最后按顺时针方向依次将菜肴送到客人面前,并以手势请客人各自享用。要求操作动作熟练、迅速、准确,同时留有余地。

两人配合分菜时,一名服务员站在上菜位置负责分菜,另一名服务员站在每位宾客的右侧,从主宾位开始,按顺时针方向依次将客人面前的餐碟递给分菜的服务员,待菜肴分好后将盛有菜点的餐碟放回宾客面前。

席上分菜适合于团体用餐、普通酒席的服务。优点是分菜快捷,节省人力,且具有表演性。不足的是,常会干扰客人的谈话,影响餐桌的气氛,分菜技术要求比较高,另外还容易弄脏转盘,因此,高规格的宴会最好不要采用这种分菜方法。

(二)席上派(让)菜

席上派(让)菜就是把菜盘里的菜肴逐一往客人的餐碟中分派,一般适用于16人以上的大圆桌或长条桌。

派菜时,左手托菜盘,右手持服务叉匙,站在每位宾客的左侧,微弯腰,把菜盘托至客人餐碟的左侧边缘,用服务叉匙把菜肴夹送到客人餐碟里。注意每分派一份菜后,服务叉匙要随菜盘一起退出,防止汤汁滴洒在客人身上。

席上派(让)菜适用于16人以上的大圆桌或长条桌,优点是客人得到较周到的照顾,服务也较快,节省人力。不足的是,随着派菜的进行,最后几位客人看到的菜肴并不那么雅观,派菜的技术也比较高。

(三)分菜台分菜

分菜前,在餐桌旁准备好一辆服务车(或服务桌),准备好干净的餐碟,备好分菜用的叉匙等工具,这种方法适用于规格较高的宴会或主宾席。

菜肴上席让客人观赏后,将菜肴撤到分菜台上(冷拼盘除外),由分菜服务员在旁桌上将菜肴均匀、快速地分到宾客所用的餐碟中,然后由另一服务员用托盘将菜肴从宾客的右侧端送到每位宾客的面前。注意端送分好的菜肴时,不能同时收拾脏的餐碟,以免弄脏食物。

此种方法适用于规格较高的宴会或主宾席,优点是客人得到的个人照顾较多,分菜时对客人的干扰较少,较卫生,符合外宾的就餐习惯,不足的是较费人工,服务时间稍长。

以上三种分菜方式在一定范围都有其实用价值,各有优点和缺点,因此,应根据就餐人数和不同菜肴采用不同的方式或三种方式交叉使用。

三、中餐分菜要注意的问题

①分派菜肴时,动作要轻、快、准。席上分菜不要一次把菜分光,宜剩1/10。

②凡带骨的菜肴,骨与肉体要分派均匀。鸡、鸭等菜的头、尾、翼尖不要分。

③分菜时,数量要均匀,不要在菜盘里翻来覆去地配菜,不能把一勺一筷的菜分给两位客人,更不能从分派得多的勺给分派得少的。

④分菜时尽可能地避免响声,分羹类菜肴,切忌把汤勺在汤盘边沿刮碰。

⑤要保持桌面整洁美观,残菜可随时撤下,但不可撤得太多。

【拓展知识】

几种中餐菜肴的分菜方法

（一）整条蒸鱼

首先要剔除鱼骨，方法是：左手拿餐叉压紧鱼头，右手拿餐刀在鱼中间从头部切到鱼尾，把肉稍拨向两边，然后切断头尾，剔出中间的鱼骨，尽量恢复鱼的形状，浇汁在鱼肉上，再用餐刀将鱼肉切成若块，按宾主顺序分派。最后将剔出的鱼骨连餐碟一起端走。

另一种方法是从鱼的背部切开，剔下鱼肉，再进行分鱼。

分鱼肉时，鲈鱼、鲩鱼背肉嫩而滑，因此先分背肉给客人；鳊鱼、鳜鱼肚肉肥厚，就多分。

（二）冬瓜盅

冬瓜盅是有皮的炖品，瓜身高，汤水足，可作两次分派。第一次用公勺将上段瓜肉和盅内配料、汤汁均匀分派给客人。分第二次时务必先切去瓜皮，然后用餐刀从上向下切约一寸，再用横刀削平瓜皮，要求直横刀口整齐，分派前要补充咸味加点精盐。削除的瓜皮放入备用碟里，分好菜后同时撤走。

（三）拔丝甜菜

分派时用服务分匙将甜菜夹起，随即放入凉开水里浸一下，再夹到客人餐盘里。分派时的动作要快，即上、即拔、即浸、即食。

（四）烤乳猪

乳猪上席让宾客观赏以后，再分两次进行分派。第一次先分乳猪最甘香酥脆的猪背皮部位（乳猪背皮部位片成二十四件或三十六件，砌拼摆成原猪形上席，随上的有白糖、千层饼、酸菜、葱球、甜酱佐食）。第二次把剩余部位的皮和肉切成小件，仍砌成猪形再行上席。

（五）原只鸡

一般斩件后放入碟中砌成鸡形，鸡腿、鸡肉都集中在中间，因此分这类鸡时，应从中间分起。分派时先把鸡肉放在公勺里，鸡皮朝下，拼边的菜夹放在公勺边缘，然后倒转在客人的餐碟里，使鸡块完整美观。

【想一想】

什么是沽清菜肴?

【实践园】

1.以小组为单位模拟练习传菜和上菜。1人扮演传菜员从备餐间传菜到餐桌,并把沽清菜式告知值台员,1人扮值台员,其他人扮演客人;传菜员要注意配合值台员收餐。

2.练习菜品介绍和上菜。1人扮演服务员练习为客人上菜,其余成员扮演客人。

要求:菜式包括铁板类菜肴、原盅炖品类菜肴、泥纸包、荷叶包菜肴等菜品;注意整体操作动作的协调,动作姿势美观大方。

3.使用花生米练习分菜,要求做到姿势正确。

要求:练习数量的掌握,要求做到分让均匀。

4.练习分菜速度。要求在2分钟内为10位客人进行分让。

【思考与练习】

1.中国菜肴有什么特点?

2.烹调的作用是什么?

3.请举例5种菜肴跟配的佐料。

4.摆菜盘时,为什么要把有型菜肴的头部朝向正主位?

任务四 席间服务

【学习目标】

了解撤换烟灰缸、餐具的方法;

了解餐饮服务中常见的疑难问题的种类;

了解餐饮服务中不同宾客的类型及其对服务的要求;

掌握对顾客投诉的处理技巧和方法;

能熟练进行席间服务;针对餐饮服务现场出现的不同疑难问题提出相应的解决方案。

子任务一 撤换餐具

【前置作业】

活动:请同学们在日常生活中观察高级餐厅的服务员是怎样为客人撤换烟灰

缸和撤换餐具的？并思考为什么这样操作？

　　要求:以学习小组为单位进行汇总整理,模拟操作演示,准备下一节课与其他学习小组交流并分享收获。

　　工具准备:圆托盘,每组准备托盘 1 个、小毛巾 1 条、骨碟若干。

〔相关知识〕

一、席间服务的主要工作

巡台是席间服务的工作任务之一,主要工作如下:

①席间要勤巡台,及时撤走空菜碟及汤碗,勤换餐碟,勤换烟灰缸。

②随时为客人添加酒水或茶水。

③在宾客点菜后 30 分钟,应检查菜品是否上齐,若未上齐,应及时查询,尽量缩短客人的候餐时间。

④宾客用餐完毕,征得客人同意后,尽快撤去餐台上不需要的餐具。在客人的右边逐样收撤,先收银器、筷子,后收碗、羹匙、味碟、水杯(有饮品除外)。

〔想一想〕

换烟灰缸时怎样不让烟灰掉到客人餐盘中?

二、撤换烟灰缸

餐厅无烟区内不设烟灰缸,在吸烟区内每张餐桌都备有烟灰缸,服务员要经常巡视服务区域,勤换烟灰缸。

撤换烟灰缸时,用托盘托上干净的烟灰缸,用右手将干净烟灰缸覆盖在脏烟灰缸上,将两只烟灰缸一起放进托盘里,然后再把干净的烟灰缸放回餐桌上。

三、撤换餐具

(一)中餐餐具撤换方法

中餐酒席的菜点品种多样,为显示优质服务,突出菜肴的风味特点,保持餐桌卫生雅致,让菜肴保持原味,不失其色,服务中须多次更换餐具。

(二)撤换餐具的位置、顺序与手法

①撤换时,左手托盘,右手操作。站在每位宾客右侧,用右手撤下脏餐具,边撤边换,先撤后换。

②撤盘从主宾开始,按顺时针方向进行。

③个别客人没有用完食品的骨碟,可先送上一只干净的,再根据客人意见撤下前一只骨碟。

④托盘要稳,物品堆放要合理。

⑤注意操作过程中尊重客人的习惯。

子任务二　席间服务技巧

在餐厅里,服务员会遇到各种各样的客人,会碰到形形色色的事情。服务员要使成千上万个来餐厅就餐的客人吃得满意是很不容易的。不管情况怎样,服务员都要坚持以真诚的态度、周到的服务、熟练的服务技巧去照应客人,努力使客人满意。

【前置作业】

活动:请同学们以小组为单位,采用抽签的方式来决定自己所服务的宾客类型,通过小组讨论的方式来设计解决方案,并用角色扮演的形式以小品来展示。

①如何为儿童服务;②如何为有病的宾客服务;③如何为伤残宾客服务;④遇到醉客时怎么处理;⑤突然停电时怎么处理;⑥餐厅突然发生火灾时怎么处理。

要求:分组讨论、交流学习心得,归纳出小组意见,并以小品形式展示。

【相关知识】

一、特殊宾客的处理

①对儿童的服务要注意儿童的特点,把菜肴尽快地拿给他们;注意儿童餐桌上的餐具和热水;把易碎物品安放在儿童够不着的地方;给儿童的饮品要用矮杯子和弯吸管。

②对有病宾客的服务要镇静、迅速、妥当。发现宾客在用餐时感到不适,应立刻报告上级,请医生就诊,尽量避免影响和打扰其他宾客。如餐厅很难解决的,应立即送医院抢救。

③对伤残宾客的服务要尊重、关心、体贴和照顾。当他们到达餐厅时,应立即上前搀扶就座,帮助放妥手杖及携带物品,如客人以轮椅代步的,要安排在方便出入和靠墙的位置;盲人入座后,主动读菜单帮助点菜;对这类客人的服务一定要使他们的需要得到满足,千万不要投以奇异的眼光。

二、餐饮服务意外事件的处理

①客人喝醉酒的处理。

a.首先,由服务人员看护客人,避免客人借醉酒闹事,或发生其他问题。

b.根据客人现场情况,必要时应当叫医务人员或在场的朋友、亲人,给予适当的协助。

c.如果事态较严重,应当叫来保安人员协助客人或其朋友,让客人安全到家。

②餐厅突然停电的处理。

a.首先现场服务员要镇定,不能慌乱,要第一时间安慰客人。

b.立即打电话通知工程部及现场查询具体情况。

c.着手启用餐厅备用的照明器材,如蜡烛、手电筒等,让客人减少心中的恐惧感。

d.如果事态较严重,应当由餐厅人员安排客人有序离场,并给予道歉。

③餐厅发生火灾的处理。

a.首先,服务人员要稳定客人情绪,不能乱场,应指引客人进行安全疏散,避免使用电梯,应指引客人使用安全出口通道。

b.同时,拿出备用灭火器材,进行灭火,并报酒店消防中心。

c.要确认所有客人都安全离开受灾区域之后,服务人员才可撤退。

④客人遗失东西的处理。

a.当在场客人有告诉服务员有遗失东西时,服务人员要首先报告给当值主管。

b.当值主管应立即对现场客人和环境给予了解。

c.随后通知酒店保安人员,共同进行商讨相关事宜,以求和平解决。

d.如果事态严重,且协商达不到一致,或查不出结果,应当上报公安机关做出最后处理意见。

【拓展知识】

处理客人投诉

投诉是餐饮服务中经常遇到的问题。投诉处理不当,就有可能失去顾客,还会对餐厅造成极坏的影响。因此,餐饮管理者应正确认识客人投诉,要重视客人的投诉,并迅速做好补救服务,力求使不满意的顾客改变对餐厅的评价。

通常餐厅服务越好,客人的投诉也就越少。然而,一旦客人确有抱怨,应将其作为对餐厅服务管理的反馈,用来改进今后的服务工作。有些投诉是可以事先采取措施避免的,如当客人所点的菜在厨房被延误时,要主动向客人打声招呼,表示他点的菜没有被忘记;又如客人提出需要某种附加配料和服务,而这需要另外加收费用时,应事先讲清楚;等等。要灵活、礼貌地应对情况变化,防患于未然。

处理客人投诉的程序是:

①认真倾听客人的全部意见。

②简要地重复客人的意见表示理解。

③诚恳地赞同客人提出的某些意见,如对客人说"您把这个问题提出来是正确的",以表明和客人站在一起的态度,取得他的信任,并和他一起分析问题。

④及时处理客人的意见,并予以纠正。对待顾客,要设身处地地为其着想。若非权限范围内能处理的问题,应迅速向上级反映。

⑤感谢客人反映问题并承诺向上级反映。

⑥记录投诉和处理经过,用于案例培训。

【思考与练习】

分析以下情况发生时,应怎么处理。

1. 服务员写错了菜单或送错了菜,引起客人不满。

2. 客人在鱼肉里吃出了钓钩等异物,造成客人极大不满。

3. 客人因服务不及时、上菜不及时而发牢骚。

4. 厨房备菜员没有及时通报有关食品原材料的变化或短缺问题,从而造成不能提供某些菜点,客人的点菜不断更换,客人久候菜点不能到桌,引起客人情绪低落,最后是不满、抱怨、烦躁。

5. 由于服务不认真,向客人提供不洁净的酒杯、餐具等,引起客人的不快。

6. 客人对饭菜质量不满意引起投诉。

7. 服务员不小心使茶水、饮料、汤汁等弄脏了客人的衣服,引起客人的不满。

8. 餐厅服务效率低,不能为宾客提供快捷的服务。

9. 客人所点菜肴由于原材料暂缺,一时无法供应,但客人并没有再次被服务,没有被问明或被建议再改点其他菜肴,客人被置于无服务的冷遇境地。

边做边想:何时撤盘最到位?选什么方位、按什么次序撤换?

【实践园】

1. 练习用左手托盘,用右手撤换烟灰缸。

2. 练习为10人桌宴会客人用托盘撤换餐盘。

要求:按顺序撤换,撤换及时,不能影响客人用餐。

子项目五 餐后服务

结账服务是宾客在餐饮活动结束前要求服务员为其结算餐饮消费的服务。它在餐饮服务中属于收尾工作,意味着整个餐饮服务的结束。结账服务对于服务员来说仍然很重要,因为结账中出现的问题会影响宾客对酒店的印象,从而影响整个服务质量。

【学习目标】

　　了解中餐零点餐结账服务的基本知识;

　　熟悉结账服务的程序和方法能熟练进行结账服务;

　　能熟练进行送客服务。

任务一　结　账

【想一想】

　　根据自己的生活经验说一下餐厅有哪几种结账方式?

【前置作业】

模拟中餐结账服务

　　活动:小组模拟不同方式的结账服务,探讨一般的结账服务流程。抽签随机决定各小组模拟结账服务的方式与要求。

　　a.家庭便餐3人、现金付款;

　　b.朋友聚会6人、刷卡结账;

　　c.单位庆功8人、支票或签单结账;

　　要求:小组交流学习心得,并总结出操作难点及技巧。每组模拟展示后向其他小组提出两个相关问题,其他小组回答模拟组并评价。

　　工具准备:结账夹、账单。

【相关知识】

一、结账的几种方式

(一)现金结账

　　①客人现金结账时,应将钱款在客人面前点清,请客人稍候,速将账单和现金送交收银台。

　　②收银台结清账目后,值台员将所找零钱及发票夹在账单夹或收银盘中送回。

　　③值台员站立于客人右侧,打开账单夹,将所找零钱及发票递送给客人。

· 106 ·

④当客人确定所找钱款无误后,应向客人表示真诚的谢意,并离开客人餐台。

(二)信用卡结账

①首先确认客人所示出的信用卡是否是本饭店所接纳的,核对信用卡背书的姓名与持卡人的身份证以及信用卡的有效期限,无误后向客人致谢并请其稍候。

②将信用卡、身份证和账单一并送交收银台刷卡结账。

③收银员再次核对信用卡、身份证,并核对信用卡公司的注销名册,确认无误后,刷卡办理结账手续。

④值台员将信用卡、信用卡收据、账单和客人身份证夹在账单夹中送回。

⑤请客人确认账单金额,并在信用卡收据上签名。

⑥核对客人签名是否与信用卡背书签名相同。

⑦将信用卡收据"顾客副本"的存根、信用卡、身份证及发票交于客人,并对客人表示真诚谢意,离开客人餐台。

⑧将信用卡收据另外三联送回收银台。

(三)支票结账

①客人示意结账时,服务员按规范将账单递给客人。

②核对支票有效期限,请客人出示有效证件,检查支票的有关印章、计算机密码等,请客人告知联络电话,并礼貌地向客人致谢。

③送交收银员办理结账手续,如填写支票,抄下客人的证件号码和记录联系电话。

④将支票存根、有关部门证件和发票送还客人,并再次诚恳致谢。

(四)签单结账

当客人以签单方式付款时,应核对客人的姓名、房号。

二、结账程序

①客人提出结账时,应请客人稍候,并核对账单台号、人数、食品及酒水消费额是否有误,立即告诉收银员所结账单的台号。

②先给客人派送香巾,然后将账单放在账单夹内,走到结账者的右侧,右手持账单夹上端,左手轻托下端,递放在客人面前,告知或指示总数。

③付款后收回夹子并有礼貌地致谢。

④注意不要主动、大声报账单总金额,尽量不要让其他客人看到账单。

若遇宾客认为账单收费不实时,服务员应耐心为客人对账,逐一核算,有礼貌地向宾客解释,不可流露出不礼貌的表情,结账后要表示道谢。

三、结账服务用语

①现在可以为您结账吗?

②请您在这里签字。

③您汇的是××元,谢谢。

④真抱歉,您的信用卡我们餐厅无法接收。麻烦您用现金结账好吗?

⑤这是给您的发票和零钱。

⑥请您随我去收款台付款好吗?

⑦请您对我们的服务和菜肴多提宝贵意见。

⑧谢谢您的建议。

任务二 送客及结束工作

送客服务是餐厅服务工作能否做到善始善终的体现,是巩固第一印象,给客人留下完美印象、引发下次消费行为的关键,同时也是饭店管理水平的体现。

【前置作业】

以小组为单位,探讨中餐零点结账服务后还需要为宾客提供哪些后续服务,如何令客人"高兴而来,满意而归"?

【相关知识】

一、送客服务

在送客服务过程中,服务员应做好征询意见、为客人拉椅、提醒客人带好随身物品、送客道别、物品检查等工作,做到礼貌 、耐心、周到,让客人高兴而来,满意而归。

二、翻台

翻台,也称撤台,是指客人离开餐厅后,服务人员收拾餐台并重新摆台,为后续餐饮活动做好准备。

零点撤台须在该桌客人离开餐厅后进行,是服务员收拾餐具、整理餐桌,并重新摆台的过程。宴会撤台必须在所有客人均离开餐厅后才能进行。

（一）翻台顺序

整理好餐椅→收席巾、香巾→收水杯、酒杯→银器、钢器→瓷餐具→清理桌面→更换台布、花瓶、台号等→摆台（上转盘）。

【小技巧】

收撤餐具时，大碗在下，小碗在上；把剩有汤或菜的餐具集中起来放置。

（二）翻台要求

①客人离座后，应及时检查是否有尚燃烟头，是否有遗留物品。
②及时按酒具、小件餐具、大件餐具的顺序进行撤台，摆放有序。
③翻台时，保持动作的稳定，不要损坏餐具物品，也不应惊扰其他正在就餐的宾客。
④注意保持周围的环境卫生，不要将餐纸、杂物、残汤剩菜等乱扔。
⑤重新布置餐桌，等候迎接第二批客人。

【考考你】

清场时，为什么要关掉大部分灯光？

三、厅面清场

客人用餐完毕离开餐厅时，餐厅经理或迎送员应主动向客人道谢，欢迎客人再次光临。待全部客人都离开餐厅后，各值台区域的服务员才能进行收台清扫工作。具体工作见下表（表2.8）：

表2.8　厅面清场服务程序

	服务程序	工作步骤
1	关 灯	营业结束、客人离开后，服务员着手厅面的清场工作。关掉大部分照明灯，留下适当的灯光供清场用
2	撤器皿、收布草	1. 清理桌面，撤走服务桌的所有器具，送至洗碗机房清洗； 2. 把布草分类点清送至备餐间（干净与脏的要分开）
3	清 洁	清洁四周护墙及地面，扫地
4	落实安全措施	1. 关闭水闸、切断电源； 2. 锁好所有门窗（除员工出入口外）； 3. 由值班负责人做最后的安全复查，填写班后安全检查表； 4. 落实厅面各项安全防患工作，锁好员工出入口，离岗

【实践园】

1.练习运用不同结账方式进行结账。

2.练习撤台。

3.结合操作练习课练习厅面清场。

【思考与练习】

1.收撤餐具为什么要按顺序收撤？

2.布草分类清点有什么好处？

3.为了能早点下班，有些餐厅服务员还没等客人用完餐就开始清场打扫。如果换了你，你会这么做吗？

子项目六 中餐早餐及团体餐服务

【前置作业】

以小组为单位进行资料的收集和学习，了解中餐早餐及团体餐的特点、其服务程序与午晚餐服务有何异同，准备在课堂上介绍。

【相关知识】

一、早餐服务程序

（一）餐前准备

①开餐前，检查餐厅是否按要求摆好餐位；桌椅摆放是否整齐美观、完好无损；餐厅环境是否清洁卫生。

②备好茶叶、开水和开餐用具及佐料，将备用餐具摆放在服务台以便取用。

③检查仪容仪表，按要求佩戴工号牌及穿着制服，做好开餐前的一切准备工作。

（二）问位开茶

问位开茶是餐厅服务工作的开始，在我国南方，特别是东南沿海一带，习惯餐前饮茶，因此，问位开茶是必不可少的环节。

①当宾客进入餐厅,迎送员应微笑问候,问清人数及姓氏后,把客人带到合适的餐桌就位。

②把客人的尊姓告知值台员,并为客人拉椅问茶。

③值台员按需开茶,并为客人斟上第一杯礼貌茶。斟茶时,将茶杯连碟放于托盘上,斟茶至七分满,从客人右侧送上。

④根据宾客人数填写点心卡,记上台号、茶位,签上服务员名字或工号,把点心卡放上餐桌。

⑤为宾客脱去并收回筷子套,需加位或撤走多余餐具时,应左手托盘,右手摆放或取走餐具。

(三) 开餐服务

①茶位开好后,向宾客介绍当天的点心品种,主动协助推销点心。

②就餐期间,服务员要勤巡视、勤斟水、勤换烟缸和清理台面;主动照顾好老幼、残疾人士和坐在边角位置的宾客。

③在服务过程中,要尽量满足宾客的各种要求,做到有问必答、态度和蔼、语言亲切。

(四) 结账收款

①宾客提出结账时,应迅速将点心卡交收款员汇总并打出结账单。

②值台员应将账单夹在收款夹内,站在客人的右侧,有礼貌地说"多谢",并把钱夹打开放在客人面前,用手指示或告诉客人总数。

③宾客结付款后,要向宾客再次道谢。

④结账时要注意现金款项来去两清。注意同台中有无搭台的宾客,若有应分清账单,避免错单、漏单及走单。

⑤如果宾客有未吃完的点心,应主动为其提供食品袋或食品盒,并为其包装妥当,以便带走。

(五) 清理台面

①宾客离座后,应向宾客道谢,然后迅速清理台面。收餐具时注意分类摆放。

②桌面清洁后,应迅速换上干净台布,重新摆位,准备接待下批宾客。

③早餐结束后,按午餐摆位要求做好准备,若有宴会则应按要求摆台及准备。

二、团体包餐服务

（一）团体包餐的特点

团体包餐指的是固定就餐标准、就餐规格、定时用餐的集体就餐形式。它适用于各种旅游团体、会议、考察访问团、贸易洽谈、订货会等团体用餐。

团体包餐与零点餐相比，除了上述区别以外，在服务上还有其特点：

①用餐人数固定。

②用餐标准统一。

③用餐时间统一。

④菜式品种统一。

⑤服务方式统一。

根据团体包餐的特点，在服务工作上应按其标准，安排好每天的菜肴，尽量变换花色品种，满足各类宾客的口味需求；与厨房配合，科学合理地组织供餐服务，尽最大努力缩短宾客候餐时间，做到无论宾客什么时候到餐厅，都能迅速、满意地就餐。

（二）团体包餐服务程序

①在开餐前清楚了解所接待的团体名称、国籍、身份、人数、特殊要求和生活忌讳等。

②根据团体人数和标准布置餐桌，备好各种佐料及服务用品。

③宾客到达后，问清团体或会议的名称，礼貌地引领客人到准备好的餐桌就座。

④宾客入座后，递上香巾、斟上礼貌茶、斟好酒水饮料等。

⑤按标准送上点心或菜肴，主动向宾客介绍菜肴、点心的风味特点。

⑥客人进餐期间，服务员应勤巡视，勤斟茶、勤清理台面。

⑦客人用餐完毕，送上香巾、热茶。

⑧统一结账时，应将日期、人数、标准、费用总数填写清楚，并请经办人签名以便结账查对。

项目小结

本项目要求学生通过学习熟悉中餐零点服务的餐前准备、迎宾与领位、餐前服务、餐间与巡台服务、结账服务、送客与收尾服务等环节,熟练掌握各项基本技能和服务程序,能完成各项业务工作。为了保证餐饮服务质量,实际操作必须强调规范化、程序化、标准化,但也要结合实际情况,因地制宜,灵活运用。

【项目评价】

项目学习结果评价

班级＿＿＿＿＿＿＿＿＿ 小组名称＿＿＿＿＿＿＿＿＿＿＿ 日期＿＿＿＿＿＿＿＿＿＿

项目评价	学习表现	知识掌握	知识应用	小组讨论
预订				
迎送宾客				
点菜				
斟酒				
上菜、分菜				
席间服务				
撤台				
备注	评价等级为优、良、中、差四等			

项目三　中餐宴会服务

学习目标

● 了解宴会的种类及特点；

● 能根据宴会做好准备工作；

● 掌握中餐宴会厅布局、餐台布置要领；

● 掌握宴会服务程序与服务注意事项，并能熟练运用规范提供对客服务。

任务一　认识宴会种类与特点

【想一想】
宴会服务与零点餐厅服务有什么不同?

【前置作业】
活动1:请同学们通过多种途径收集宴会图片及宴会相关资料,并以5个关键词概括你所认识的宴会种类及其特点。
要求:在小组内交流后总结出小组意见,准备派员与其他组分享和交流。
活动2:拍摄两张宴会厅布置照片相互交流,通过照片说出各自宴会厅布置的特色。
要求:在小组内交流,并推荐一位同学向全班展示与交流。

【相关知识】

一、宴会的概念

宴会是为了表示欢迎、答谢、祝贺、喜庆等而举行的一种隆重的、正式的餐饮活动,也是国际、国内人们交往中常见的礼遇活动。宴会与一般就餐在菜点和饮料上没有本质区别,但在菜品的品种和质量上,在服务程序和内容上存在着差异。因此,宴会对服务质量的要求甚高。

二、宴会的特点

①要根据主办人的要求,预先拟订计划,对宴会进行安排。
②要根据宴会设计师的要求,依环境进行精心设计和布置,以体现出隆重、高雅、舒适、整洁、热烈的气氛。
③讲究接待规格,有规定的服务仪式和礼节。
④菜肴有一定的数量和质量要求。
⑤主办人须事先预订。

三、宴会的种类和特点

宴会的种类很多,划分标准多样,同一宴会,在不同划分标准下,可以有多个属性。

①按宴会的规格划分：主要有国宴、正式宴会、便宴、家宴。

国宴，是国家领导人或政府首脑为国家庆典或为欢迎外国元首、政府首脑的来访而举行的正式宴会。其规格最高，环境布置最考究，形式也最隆重。席间有致辞、祝酒和乐队伴宴。菜单和座席卡上均印有国徽，宴会厅内悬挂国旗，出席者的身份规格高，代表性强，场面盛大，宾主均按身份排位就座，礼仪严格。

正式宴会，除不挂国旗，不奏国歌及出席者规格低于国宴外，其余的安排与服务程序与国宴大致相同。

便宴，是指非正式宴会，不拘泥于严格的礼仪，形式简单，规模较小，不排座位，不作正式致辞或祝酒，席间宾主间较亲切、随便，标准可高可低，适用于日常友好交往、婚礼、祝寿、酬谢、饯行、团聚等。

②按宴会进餐形式划分：主要有立餐宴会和坐餐宴会。

大部分宴会均采用坐餐形式，或圆桌，或长桌，每人有固定座位。

而鸡尾酒会和冷餐酒会则采用立餐形式或坐立混合形式。

③按宴会的餐别划分：主要有中餐、西餐、自助餐和鸡尾酒会。

中餐宴会的特点是提供中式菜点，采用中式家具、餐具、茶具和提供中式服务。

西餐宴会的特点是提供西式菜点，采用西式家具、餐具、茶具和提供西式服务。

自助餐多在室内举行，亦可在室外庭园空地举行，菜肴以冷食为主，也有道数不等的热菜。事前分别以盘碟盛装菜肴和点心，连同餐具摆放在菜台上，供宾客随意取用。

鸡尾酒会多采用立餐形式，供应多款低度酒、宾治、软饮料等，由宾客自选，食品多为小吃类，酒会气氛和谐热闹、欢愉、轻松、不拘形式。

④按宴会的举行时间划分：主要有早宴、午宴和晚宴。

⑤按宴会的消费标准划分：主要有一般便宴、中档宴会和豪华宴会。

一般宴会，较经济实惠，菜肴原料不甚昂贵，菜品数量适中，宴会气氛随和。

中档宴会的档次介于一般宴会和高档宴会之间。

豪华宴会，消费标准高，讲究档次排场，所选菜品多山珍海味，饮品多是名贵陈酿，重用餐环境、桌面服务、名厨主理。

⑥按礼仪划分：主要有欢迎宴会、答谢宴会和告别宴会。

⑦按宗教饮食习俗划分：主要有素食宴会、清真宴会。

素食宴会起源于宗教寺庙，供忌荤腥者或僧侣、佛教徒、道教徒食用。素席以大豆制品、蔬菜、植物油为主要原料，模仿荤菜菜式制作，甚至用荤菜菜名命名，营养丰富，别有风味。

清真宴会以牛、羊及蔬菜、植物油等为主要原料,烹制成各种适合伊斯兰教饮食习俗的菜品。

任务二　宴会预订

宴会预订,即餐饮宴会订餐。宴会预订是餐饮企业根据餐饮宴会消费需求,按一定的程序接受并为其安排合适的用餐环境以及用餐菜点的餐饮业务活动,因此宴会预订是一项具有较强专业性而又有较大灵活性的工作。中、大型社会餐饮企业和宾馆餐饮机构都设有宴会订餐处或宴会预订中心。

【探究乐】

预订员应具备怎样的任职条件?你认为承接宴会需要准备哪些资料?

【相关知识】

一、宴会预订方式

(一)当面预订(面谈)

当面预订是宴会预订较为有效、实用的方式。在宴会规模较大、宴会出席者的身份较高或宴会标准较高的情况下,宴会举办单位或个人一般都要求当面洽谈,直接预订。饭店宴会销售员或预订员应根据客人要求详细介绍宴会场地和所有细节安排,如厅堂布置、菜单设计、席位安排、服务要求等,应尽量满足客人提出的各项要求,并商洽付款方式、填写宴会预订单、记录预订者的联系地址、电话号码等以便日后用信函或电话等方式与客人联络。

(二)电话预订

电话预订是另一种较为有效的宴会预订方式,常用于小型宴会的预订、查询饭店宴会资料、核实宴会细节等,在饭店的常客中尤为多见。此外,大型宴会面谈、宴会的落实或某些事项的更改等通常也是通过电话来传递相关信息的。与直接预订相同,预订员应在电话中向客人介绍、推销餐饮产品,落实有关细节,填写宴会预订单等。

除上述两种主要的宴会预订方式外,客人还可通过信函、传真等方式来进行宴会预订,饭店应想方设法与客户联络,尽力扩大宴会销售业务,努力提高宴会设施利用率,从而为饭店创造良好的社会效益和经济效益。

二、宴会预订程序

(一)问候宾客

电话铃响三声之内宴会预订员应接听电话,主动向宾客问好,并准确报出自己的姓名,及时向宾客表示愿意提供服务。

(二)接受宴会预订

当知道宾客是预订宴会时,须主动报上自己所在部门的名称,并礼貌地问清宾客的姓名、联系电话、宴会形式、标准、人数、用餐时间和特殊要求,并依次记录在预订本上。

(三)复述宴会预订

宴会预订员应征询宾客意见后,复述宴会预订内容,如姓名或房间号、用餐人数、宴会时间及标准等,并获得宾客确认。

(四)确认签约

宾客确认宴会接待要求和规格后,应立即与宾客签订书面协议,并要求宾客支付预订金。

(五)宴会下单

1.填写宴会预订单

填写预订单,一式四份,分别送交宾客、厨房、餐厅及作为留底;按订单内容做好宴会准备工作。

无论哪种,预订人员有责任帮助客人解除顾虑,尽量排除不利因素,尽快把订单确定下来。接受宴会预订后,就要根据预订的情况及时处理。在受理预订的同时,预订人员要在同客人反复协商的基础上,就宴会名称、性质、举办时间、预订人数、保证人数、宴会标准、菜单内容、酒水供应、餐厅环境布置、台型设计、座位安排和付费方式等,逐一落实,然后填写预订单。其内容和格式如表 3.1 和表 3.2 所示。

表3.1　宴会预订本

年　月　日

编　号	主办宴请单位	人　数	桌　数	标　准	时　间	餐　厅	联系人	电　话	付费方式	备　注

表3.2　宴会预订单

预订日期：　月　　日	预订方式：		预订员：	宴会负责人：
宴会名称：	宴会时间：　月　日　星期　从　至			
宴会标准：	联系单位	单位名称：		
付款方式： （现金、支票、转账） 预付金额：		单位地址：　　　　　　　电话：		
		联系人：　　　　　　　　电话：		
预订人数：	保证人数：	宴会地点：		休息厅：
宴会费用		宴会形式：		
菜肴： 饮料： 鲜花： 香烟： 礼品： 印菜单： 席间节目： 厅堂节目： 其他： 合计平均每人：		宴会菜单		
		台型设计及服务方式		
备　注				

2. 填写宴会安排日记簿

"宴请安排日记簿"是宴会部根据宴会活动场所设计的,它的作用是记录预订情况,供预订人员在受理预订时核查。每个预订员在受理预订时,在问清宾客宴请日期、时间、人数、形式之后,从"日记簿上查明各餐厅的状况,然后在日记簿上填写有关事项。如此时该餐厅无接纳能力,应向宾客解释清楚,可另想办法或婉言谢绝,但销售员应尽自己所能安排在本酒店举办宴请活动。宴会活动日记簿在营业时间内,必须始终摆在预订工作台上,营业结束后必须锁好。以下是一份宴会安排日记簿,如表3.3所示。

表3.3　宴会安排日记簿

预订员:＿＿＿＿＿＿＿　　　　　　　　　　　　　　日期:＿＿＿＿＿＿＿

宴会厅 A	宴会厅 B	宴会厅 C
早: 宴请名称:＿＿＿＿人数:＿ 时　间＿＿＿时至＿＿＿ 联系人＿＿＿电话＿＿＿ 单位名＿＿＿收费＿＿＿	早: 宴请名称:＿＿＿＿人数:＿ 时　间＿＿＿时至＿＿＿ 联系人＿＿＿电话＿＿＿ 单位名＿＿＿收费＿＿＿	早: 宴请名称:＿＿＿＿人数:＿ 时　间＿＿＿时至＿＿＿ 联系人＿＿＿电话＿＿＿ 单位名＿＿＿收费＿＿＿
中: 宴请名称:＿＿＿＿人数:＿ 时　间＿＿＿时至＿＿＿ 联系人＿＿＿电话＿＿＿ 单位名＿＿＿收费＿＿＿	中: 宴请名称:＿＿＿＿人数:＿ 时　间＿＿＿时至＿＿＿ 联系人＿＿＿电话＿＿＿ 单位名＿＿＿收费＿＿＿	中: 宴请名称:＿＿＿＿人数:＿ 时　间＿＿＿时至＿＿＿ 联系人＿＿＿电话＿＿＿ 单位名＿＿＿收费＿＿＿
晚: 宴请名称:＿＿＿＿人数:＿ 时　间＿＿＿时至＿＿＿ 联系人＿＿＿电话＿＿＿ 单位名＿＿＿收费＿＿＿	晚: 宴请名称:＿＿＿＿人数:＿ 时　间＿＿＿时至＿＿＿ 联系人＿＿＿电话＿＿＿ 单位名＿＿＿收费＿＿＿	晚: 宴请名称:＿＿＿＿人数:＿ 时　间＿＿＿时至＿＿＿ 联系人＿＿＿电话＿＿＿ 单位名＿＿＿收费＿＿＿

3.宴会预订正式确认

在填写完宴会预订单后,如果得到了主办单位或个人的确认,就是确定性宴会预订,此时除了要在宴会预订日记簿上用红色笔标注确认外,还应填写宴会预订确认书送交顾客,签订宴会合同书,收取宴会预订金。以下是一份宴会预订确认书,供参考使用,如表3.4所示。

表 3.4　宴会预订确认书

致　　　　公司　　　　　　　　　　　小姐/先生

　　承蒙光顾,不胜感谢。您代表公司于　　　　　月　　　　日在我酒店所订宴会,我店已按预订要求认真准备妥当。如有不妥之处及新要求,请及时来电函告之,我店愿为您竭诚服务,务请按时光顾。

　　附宴会准备情况如下:

宴会名称:　　　　　　　　　　　　举办时间:　　　年　　月　　日　　时

宴会人数:　　　　　　　　　　　　保证人数:

宴会标准:　　　　　　　　　　　　食品饮料:

宴会厅堂:　　　　　　　　　　　　酒水安排:

　　　　　　　　　　　　　　　　　酒店宴会经理:

　　　　　　　　　　　　　　　　　电话:　　　　　　　　年　　月　　日

4.签订宴会预订合同书

宴会预订合同是酒店与客户所签的合约书,双方均应如约履行合同的各项条款。虽然在预约时预订人员已经记下客人所有的要求,但是客人日后仍可能变卦。所以,一旦宴会活动得到确认,经过认可的菜单、饮料、场地布置示意图等细节资料,应以确认信的方式迅速送交客人。一般情况下,可将一张宴会合同连同要求付定金的通知一起寄送给客人,请客人在合同书上签名,然后再传真或邮寄回宴会部。宴会部与客人签订合同书,是确保宴会厅正常营运不可忽视的重要步骤。

"宴会合同书"一式五联,第一联由顾客自存,第二联由顾客签字后回收,第三联由宴会销售员保存,第四联交成本控制员,第五联留底。或一式二份,双方各执一份,一经签订,双方都必须遵守执行,如需变更,需双方协商解决。以下是两份宴会合同(协议书),格式供参考,如表 3.5 和表 3.6 所示。

表 3.5　宴会合同

甲方: 乙方:	地址: 地址:
甲乙双方经友好协商,就乙方在甲方举办宴会事宜,达成如下协议,双方共同遵守。	
宴会名称:	举办方组织者:
活动日期:	活动时间:

宴会厅堂：	承办方负责人：
出席人数：	保证人数：
菜单安排：	酒水安排：
厅堂设计：	场景要求：
租用设备：	其他事项：
人均费用：	预算总费用：
预付订金：	结账方式：
甲方(盖章)	乙方(盖章)
委托代理人：(签名)	委托代理人：(签名)
开户银行：	开户银行：
账号：	账号：
签约日期：	签约日期：

表 3.6　宴会协议书

本合同由饭店_____地址_____
与公司_____地址_____
为举办宴会活动所达成的具体条款：
活动日期_____时间_____
活动地点菜单计划_____
饮料_____娱乐设施_____
其他_____结账事项_____
预付订金_____
客户签名_____饭店经手人签名_____
日期_____
注意事项：
1. 宴会活动所有酒水由酒店提供
2. 大型宴会预收 10% 订金
3. 所有费用在宴会结束时一次付清
本宴会合同一式五联

5. 宴会预订的更改或取消

宴会预订单发送到各部门后,若顾客对于宴会提出任何变更,预订人员就必须马上填写"宴会变更单"通知各相关部门,以便进行相应的调整。宴会变更单上详细记载宴会原方案及修订后的变更项目,清楚地告知相关部门必须修改的工作项目。各部门便可依照变更内容来调整工作,合力满足客户的要求。再者,使用变更单明确传达宴会信息,其相关部门便不再允许有未接获通知的借口,所以有效避免了各部门互相推卸责任。若顾客取消订席,要询问取消宴会的原因,并予以记录,作为日后改进的参考。表 3.7 是一份宴会预订更改单,格式供参考。

表 3.7 宴会预订更改单

更改单号: 日期:

订单号	
宴会日期	
地点	
功能	
公司	

更改内容		
日期	从	到
时间		
地点		
人数		
其他		
宴会负责人		

发给以下部门					
餐饮总监		前台		销售部	
行政总厨		宴会		公关部	
宴会部经理		饮料部		保安部	
行政办公室		咖啡厅		工程部	
管事部		酒吧		客房部	
财务部		茶园		总机	
大堂经理		采购部		其他	

【实践园】

模拟练习填写宴会各类表单。

为什么宴会预订一般要向客户收取相应的定金?

任务三　宴会前的准备工作

充分做好开餐前的准备工作,是完成好餐中服务的保证。只有做好开餐前的各项准备工作,严格按照操作规程进行,才能使客人得到满意的服务。

[相关知识]

一、宴会前准备工作流程

台型布置→备餐具→备小毛巾→备茶水→备酒水→上小菜、佐料、派毛巾→开空调、灯光→站岗迎宾

(一) 了解情况

餐厅管理人员和服务员接到公关销售部及营业部下达的"宴会确认书"后,餐厅管理人员和服务员应根据"宴会确认书"的内容要求做到"八知""三了解"。"八知":知人数、知台数、知主办单位、知宴会标准、知开餐时间、知菜式品种及出菜顺序、知收费办法、知邀请对象。"三了解":了解宾客风俗习惯,了解宾客生活忌讳,了解宾客特殊需要。对外国宾客,还应了解国籍、宗教、信仰、禁忌和口味特点。对规格较高的宴会,还应掌握宴会的目的性质,宴会的正式名称,客人的性别,有无席次表、席卡、座位卡,有无音乐或文艺表演,有无主办者的特点要求,有无司机费用或伙食安排等内容。

(二) 明确分工

大型宴会,要确定总指挥人员,在宴会准备阶段向服务人员交任务,讲意义,提要求,宣布人员分工和服务注意事项,做到分工明确,责任到人。

(三) 环境布置

中餐宴会餐布置包括环境布置和台型布置。根据宴会的性质、桌数及宴会厅的面积、形状、设计餐桌及餐位的摆设,做到主桌突出,排列整齐,间隔合理,美观实用,既方便宾客就餐,又便于服务员席间操作。宴会餐桌设计,还需注意突出主台,突出宾主席位。主台一般安排在面向餐厅主门,能纵观全厅的位置;主台的主

位安排在主台上方正中间,背靠厅壁、面向众席的位置。餐桌布局设计遵循中心第一、先左后右、高近低远的原则。

(四)餐具和用品的准备

餐前应根据宴会规格、就餐宾客的人数、桌数和菜单,准备好宴会摆台的一切物品以及餐间更换用餐具、用具。

备用餐具时,用量最大的是骨碟,因为每份菜单上均有不同的菜肴内容,宾客用餐时可多菜共同使用一个骨碟,但是如果上甜菜时,应为宾客更换骨碟。宴会服务时,应保证一菜一碟。

在准备餐具、用具中,筷子、酒杯、餐勺、茶具、毛巾等也应留有相当的备用量,以免客人有需要时不能及时服务到位。如餐厅原有的设备不能满足主办单位的需要,应与主办单位协商寻找解决方法。

(五)摆台

在宴会开始前1小时,根据已设计好的台型图摆好餐桌,设置服务台,围上台裙并摆台。按宴会摆台要求铺好台面,放好转盘,摆好餐具、用具、公用餐具、牙签、菜单、席卡和座位卡,放好餐巾花。同时,将宴会使用的各种酒水饮料整齐地摆放在服务桌上。

1. 台布

中餐宴会铺设台布方法有3种。一种是平层式铺台,即在台面直接铺放台布。第二种是双层式铺台,即首先在台面上铺放台垫(又叫衬布),然后再铺放一块大小适宜的台布。第三种是三层式铺台,即在台面上铺设台垫、台布后,再罩铺一层工艺抽纱花台布。罩铺的台布一般选用麻抽纱或棉绣花制品,形状以圆形居多,其规格均小于台垫上的台布,颜色有本色或彩色多种。这种铺台适合于豪华宴会。另外一种罩铺是在铺好的台布中心用一方形彩色小台布平铺于餐桌中心(呈十字形)。

2. 台裙

①台裙。是指在铺设好的台布的餐桌上增设的装饰,带有这种装饰的餐桌称为"台裙餐桌"。

②裙的作用。增设台裙可提高宴会的规格,使宴会厅显得更加美观大方,同时给赴宴的宾客增加高雅、舒适的感觉。台裙餐桌是较高档的餐厅颇为流行的一种铺台方法。

③台裙的用料。台裙用料的选用很广泛,有颜色高雅庄重、质地华丽的丝绒布和色泽明快艳丽的乔其纱及丝、缎织品、各种装饰布等。台裙花色有单色、彩色

两种。台裙用料及颜色的选择根据宴会厅的色调、环境而定。

④常用台裙的种类。常用的台裙有两种。一种为定型台裙,即将台裙的上"腰"外的折叠部固定缝纫好,并按定型的餐桌板周长配钉好尼龙搭扣,使用时,将台裙的尼龙搭扣的一边钉在桌沿上,再将台裙沿桌边按好即可;另一种是散式台裙,即现用现折叠,台裙的长度以其底边离地面10厘米为宜。

⑤铺设台裙的方法。先将餐桌台布铺好(折口向左)打成每隔4厘米左右的褶,然后用尼龙搭扣或台裙夹固定在桌沿上即可。桌裙的铺设可根据台面的铺设情况而定,一种是有桌垫及台布的餐桌,应将桌裙设置于台面的外围,桌面上铺上台布,台布的四周均被台裙围在里面。另一种是罩铺台布时,可先围台裙,待台裙围好后,再将罩铺台布铺好。

3. 摆餐具

宴会摆台一般按主办单位所定的人数进行定位、摆位。摆位的规格除一般的规范化格式外,主要视菜肴的服务特点进行餐具上的增、减。

摆台前要用消毒毛巾对双手进行消毒。操作时使用圆形防滑托盘,左手用胸前托的方法将托盘托起,右手摆放餐具,碟、碗拿边,羹、匙拿把,杯子拿柄。

宴会摆台一般按以下步骤(表3.8):

表3.8　宴会摆台的一般步骤

序号	餐　具	摆放要求	图　解
1	铺桌布	站在主人位右侧空当位置,将台布一次铺成。台布中心线凸缝向上,且对准正、副主人位,台布四周下垂部分均匀	
2	围桌裙	从副主位中间开始,顺时针方向围。台裙的重叠口不能摆在上宾和主人位置	

续表

序号	餐 具	摆放要求	图 解
3	上转盘,摆转盘	站在主人位右侧空当位置上转盘,一次到位,居于台面中央	
4	摆银餐碟	餐碟正对座位,碟边离桌边1.5厘米,有酒店标志的要统一方向。碟与碟之间定位均匀,转盘心与相对的两个餐位三点成一线,主位、副主位的餐碟应压在中线主骨上	
5	摆翅碗、味碟	翅碗和味碟并排摆在餐碟的左前方和右前方,碗边离餐碟上边沿1厘米,瓷勺放进小餐碗内,勺把向左	
6	摆筷子架、银匙、筷子、牙签	筷架摆放于味碟右侧0.5厘米处,筷子尾部距桌边1.5厘米。牙签袋摆在银餐碟座的右边,字面向上	

序号	餐 具	摆放要求	图 解
7	摆杯具	甜酒杯摆在菜碟座中正前方,辣酒杯摆在甜酒杯的右边,水杯摆在甜酒杯的左边,三杯成一直线	
8	插餐巾花	将折好的餐巾花分别放在餐碟上,正主位的折花略高	
9	摆花盆	花盆摆在转盘正中央	
10	拉椅定位	从主人位开始,顺时针方向进行,餐椅座面边缘自然接触台布下垂部分,椅子中心点要对准台布凸缝,餐椅之间距离均等	

(六)酒水、饮料的准备

开餐前,宴会前30分钟服务人员根据客人的订餐情况及菜单安排,准备好客人所需的酒水。由于酒水、饮料的种类不同,应按其特性分类准备。按宴会要求摆放各种餐酒具和台上用品,同时备好茶、酒水、香巾及开餐用具。客到前15分钟上好酱油,斟好礼貌酒,并根据菜肴的特色,准备好各种佐料。

（七）熟悉菜单

服务员应熟悉宴会菜单及主要菜点的风味特色,做到:准确说出每道菜的名称;准确描述每道菜的风味特色;准确跟配每道菜肴的佐料;准确知道每道菜肴的制作方法;准确服务每道菜肴。

（八）开宴检查

开宴前 15 分钟对宴会厅进行最后一次检查,一般由宴会管理人员负责。主要内容包括:①检查照明、空调、音响等设备能否正常运作;②宴会用的桌椅、台柜是否完好;③设备设施是否符合宴会通知单的要求。发现不足之处,立即弥补,避免席间出差错。

二、宴会餐台布局与摆设

（一）中餐宴会餐桌布局

中餐宴会是指具有中国传统的民族形式的宴会,宴会遵循中国的饮食习惯,配用圆桌,使用中式餐具,食用中式菜肴,饮用中国酒水,采用中国的服务方式,行中国的传统礼节。中餐宴会礼仪要求严格,服务环节较多,接待方式讲究。

1. 餐厅与餐桌布局

宴会厅餐桌桌位安排,要根据餐厅的形状、餐厅内陈设的特点、主办人对宴会的要求及就餐人数进行。餐桌的排列要做到整齐有序,间隔适当,合理利用宴会厅堂的场地,既要体现宴会的规格标准与主办人的用意,又要方便顾客就餐及餐间服务人员服务。

餐桌排列布局要求:其他餐桌排列按餐厅的形状和大小及赴宴人数的多少来安排。桌与桌之间的距离以方便穿行、上菜、斟酒、换盘为宜。在整个宴会餐桌的布局上,要求整齐划一,左右对称,桌脚一条线,椅子一条线,花瓶一条线,副桌主人背向主桌。桌数不同时,台型结构和布局也各不相同。常见台型有:一字形、品字形、菱形排列、五角星形排列、圆形排列等。当桌数更多,达 20 多桌时,其台型可摆成"主"字形,主桌单独一排,其他桌摆成方格即可,如图 3.1 所示。

宴会餐桌安排应做到合理、美观、整齐、大方,餐桌排列要突出主宾席。小型宴会在宴会厅条件允许的情况下,主宾席餐桌应大于其他来宾席餐桌,但大、中型宴会的主宾席餐桌一定要大于其他来宾席餐桌。

多桌宴会餐桌区与区之间的距离应不少于 1.5 米,餐桌之间的通道不少于 1.2 米,餐桌距四周墙壁不少于 1.2 米。

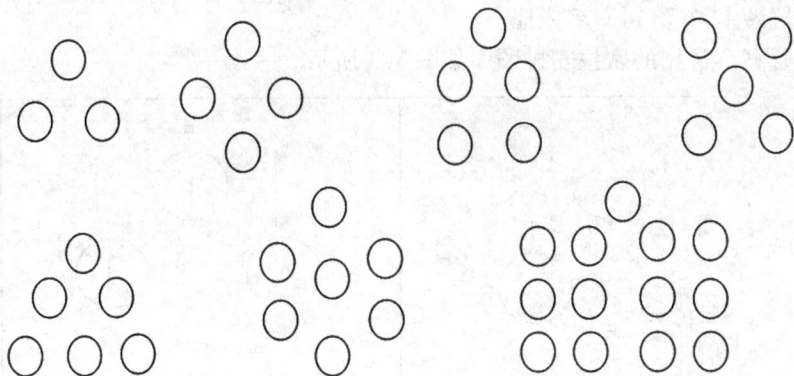

图 3.1 宴会常见台型

2. 工作台的设置

工作台是餐厅服务员从事服务工作过程中使用的台面。它既可以放酒水、菜肴、餐具、用具及部分备用品,也是餐厅服务员站立服务的岗位标志。工作台应根据餐桌位而设置,一般 1 桌宴会设 1 个工作台,2 桌宴会在同一餐厅一般也只设 1 个工作台,但如果宴会的规格档次高,就应考虑设 2 个工作台;多桌宴会主宾席要设有专用工作台,其余各餐桌可视其具体情况设立相应数量的工作台。工作台的大小可视餐厅的规模而定,工作台的位置应在距离餐桌较近的地方,以便于服务操作时使用。

大型宴会设工作服务台:分菜服务可在服务台上进行,然后发送给客人,服务台上备有客人需更换的餐具与酒水,摆放整齐。工作服务台的位置、大小应统一,可在 2 ~ 4 桌配备一组,工作服务台视厅房面积而定,但每桌不要小于 90 厘米 × 45 厘米。

(二) 中餐宴会座次安排

宴会座次安排即根据宴会的性质、主办单位或主人的特殊要求,根据出席宴会的客人身份确定其相应的座位。座位安排必须符合礼仪规格,尊重风俗习惯,便于席间服务。

1. 主人位置的安排

所谓主人是指宴会主办人,一桌以上的宴会,各桌主人位置的确定有两种方法:一是各席主位方向一致;二是各席主位方向不一致,但都面向中间,如图 3.2 所示。

2. 宾客席位的安排

正式的宴会一般均安排席位,有的只安排部分主要宾客的席位,其他宾客则自由入座。大型宴会事前会将宾客席位打印在请柬上,使宾客心中有数,同时餐桌上放置席卡,宾客可对名入座。

中餐宴会常见的席位安排顺序如图3.3所示。

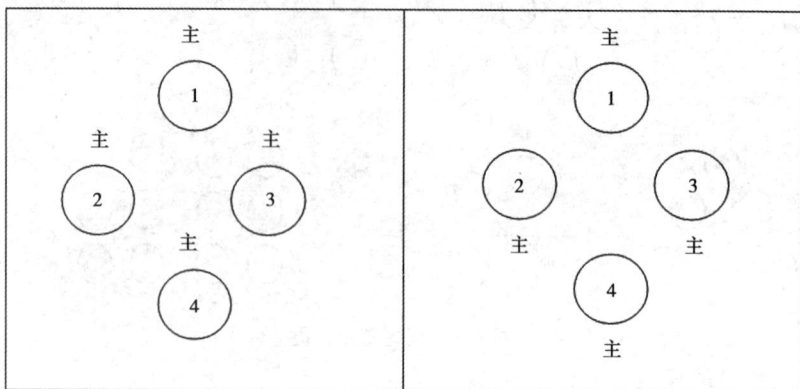

图 3.2

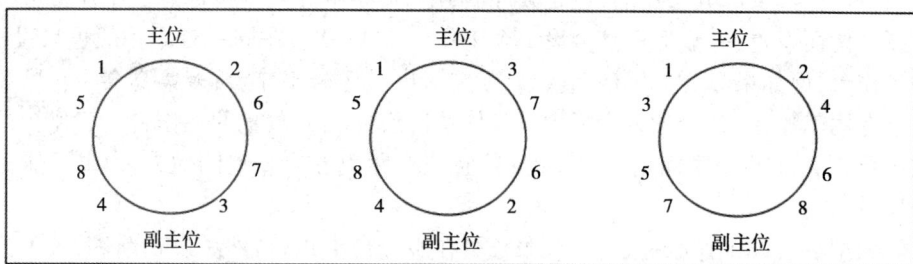

图 3.3

【实践园】

1.练习宴会前准备餐具、酒具。

2.练习不同人数的中餐宴会摆台。

任务四　中餐宴会服务

【想一想】

通过实习或生活经验,酒店的服务员是按什么程序为客人服务的?

【前置作业】
模拟中餐宴会程序
活动:请同学们根据中餐宴会程序模拟练习。

要求:各小组长分派任务,分工完成宴会准备及服务等工作,然后在小组内交流学习心得。

【相关知识】

一、宴会入席服务

迎宾服务主要根据宴会的入场时间,宴会主管人员和迎宾员提前在宴会厅门口迎接客人,值台服务员站在餐桌旁准备服务。

(一)迎宾服务

①迎宾准备。宴会前10分钟,在宾客到达前,服务员应站在各自岗位上,面向宴会厅门口,准备恭迎客人,多桌宴会应按指定位置站在各自负责的餐桌旁准备服务。

②热情迎宾。宾客到达时,服务员应热情迎接,微笑问好,礼貌地将宾客引入休息室就座。

③接挂衣帽。接挂客人衣服时,服务员应握衣领,切勿倒提,贵重的衣服要用衣架,以防衣服走样。重要宾客的物品及衣帽应挂在衣帽间较明显的位置,便于宴后拿取。

④递巾送茶。客人入座后,服务员按先女后男,先宾后主的顺序,主动递上香巾及热茶。

(二)入席服务

当宾客来到席前时,服务员应主动为客人拉椅让座。待宾客坐定后,即把台号、席位卡、花瓶等拿走。将菜单放在主位前面,为客人落餐巾,脱筷子套。

二、酒水服务

从主宾位开始,按顺时针方向依次斟酒水。斟酒前,应先征求客人意见,斟酒时,严格按操作规范和顺序进行,先斟饮料,后斟甜酒或烈性酒。

①大中型宴会应在开宴前5~10分钟斟好礼貌酒(甜酒或烈性酒,或两种都斟好),举杯祝酒后,再斟倒烈性酒或甜酒和其他饮料、啤酒类。小型宴会可在宴

会开始后斟倒。

②斟酒顺序,从主宾开始按顺时针方向进行。

③斟酒时应从客人右侧进行,站立姿势与持瓶方法与中餐散客服务相同。

④斟酒时应使用托盘,将宴会所用酒水整齐地摆放在托盘中,商标朝向外侧,先请客人选择酒水品种,再将托盘移至椅背外,持握客人所选定酒水进行斟倒。一般葡萄酒或黄酒及白酒可持瓶斟满,啤酒及软饮料需托盘斟酒。

⑤斟倒加温或冷却的酒水时,要将盛装酒水的盛器用布巾进行包垫,然后方可进行斟倒,以免滴落在餐台或客人身上。

⑥斟倒加温酒水时,应在客人落座后进行服务,以确保酒的最佳饮用温度。

⑦如客人不喝某种酒水,则应及时撤走相应的酒杯。

⑧宾主讲话时,服务员要停止一切操作,站在适当位置,等待讲话结束才重新开始工作。

⑨当宾主讲话致辞时,负责主桌的服务员要将讲话者的酒水准备好,待其讲话结束及时送上供祝酒之用。

⑩席间,宾主到各桌宾客敬酒时,服务员要端托酒瓶跟随,以便随时准备为其添加酒水。

三、菜肴服务

(一)上菜服务

①中餐宴会一般要求严格按宴会菜单顺序上菜,并掌握好上菜时机。

②在宴会开始前,将冷盘端上餐桌;宴会开始,等客人将冷盘用到一半时,开始上热菜。服务员应注意观察客人进餐情况,并控制好上菜的节奏。

③宴会菜应一道跟着一道上,动作要快,避免菜炒好后遇冷,影响菜品的色、香、味、型。

④在最后一道菜时,应低声告诉第二主人"菜已上齐",提醒客人准备干杯、吃饭。

⑤若多桌宴会,上菜时应以主桌为准,统一指挥,统一行动,同一道菜一起上,避免出现早上或迟上,多上或少上的现象。

(二)分菜服务

凡宴会酒席,服务员都应主动为客人分汤。分派时,应胆大心细,准确均匀。分菜顺序也是先女后男,先宾后主。

四、席间服务

宴会进行中,要勤巡视、勤斟酒、勤换烟灰缸,并细心观察客人的表情及需求,主动提供服务。

(一)撤换餐具

按宴会规格和要求,服务员主动为宾客撤换餐具和餐碟时,应尽可能等所有客人吃完才撤换,按右上右撤进行,不得跨越客人进行递撤。

①客人进餐期间要注意保持转盘整洁。

②客人席间离座,应主动帮助拉椅、整理餐巾;待客人回座时就重新拉椅、递铺餐巾。

③客人席间站起祝酒时,服务员应立即上前将椅子向外稍拉,坐下时向里稍推,以方便客人站立和入座。

④待客人吃完饭、面后,服务员把热茶送到每位客人的右边,并送上香巾,撤走桌面上的菜盘和餐具,然后准备上甜品、水果。

⑤在所有菜式品种都上齐后,为每位客人斟送茶水,并摆上鲜花,以示宴会结束。

【想一想】

何时撤盘最到位?

(二)撤换餐具

重要宴会要求每道菜都要撤换餐碟,而一般宴会撤换餐碟的次数不得少于三次,通常在遇到下述情况时,就应该及时撤换:

①吃完冷拼盘后;

②喝完羹汤后;

③吃完带骨、带壳食物后;

④吃完芡汁多的食物后;

⑤吃甜菜、甜点之前;

⑥上水果之前;

⑦餐碟内残渣骨刺较多或有其他杂物时;

⑧宾客不小心将餐具跌落在地上时。

五、宴会结束工作

宴会进行到尾声时,服务员开始为结账做准备,当宴会主办方示意结账时,服务员立即为其进行结账服务。

①结账准备。上菜完毕,清点酒水、香烟、茶芥等宴会菜单以外的物品,未开盖的酒水应退回酒水部。

②结账收款。在宴会结束前,把所有酒水单及菜单送到收款处汇总并打出账单。结账方法参照散餐服务。大型宴会结账工作一般由管理人员负责。

③礼送宾客。宴会结束时,服务员主动拉椅送客,并提醒宾客带齐携来物品,礼貌道别。视不同情况决定是否列队欢送或送客人至门口或目送客人。

④收台检查。

a.宾客离席时,服务员检查台面是否有未熄灭的烟头,是否有宾客遗留的物品。

b.在宾客全部离去后,立即清理台面,按先收香巾、餐巾、玻璃器皿,后收瓷器餐具、刀叉筷子的顺序分别收拾。

c.若有银器餐具,应在上甜品之前逐位收撤并清点。

⑤清理现场。餐桌、餐椅按规定位置回归原处,摆放整齐,布置环境,恢复原样。

【实践园】

1.练习餐前准备。要求:以小组为单位设计宴会的规模、根据宴会的种类模拟练习准备餐具、酒具。

2.以小组为单位练习两个服务员同时为一桌客人斟倒各种酒水。二人扮演服务员,其他扮演客人,负责按评价标准进行评估。

3.模拟练习宴会席间服务。

【思考与练习】

1.请复述中餐宴会开餐前需要做哪些准备工作。

2.宴会进餐时,客人不慎碰翻了酒杯,服务员该怎么办?

3.宴会开始前宾主讲话致辞时,服务员该怎么办?

项目小结

本项目要求学生通过学习了解宴会的种类及特点,综合运用各项技能,熟练掌握服务程序,并以此为基础,做好对客服务工作。

【项目评价】

项目学习结果评价

班级_____　小组名称_____　日期_____

项目评价	学习表现	知识掌握	知识应用	小组讨论
宴会前准备				
宴会斟酒				
宴会席间服务				
宴会出菜、上菜				
备注	评价等级为优、良、中、差四等			

项目四　西餐服务

学习目标

● 熟悉西餐迎送服务当中的各个环节，并了解与之相关的理论知识；

● 能够根据具体的情境完成相关的迎送服务工作任务。

任务一　认识西餐

西餐这个词是由它特定的地理位置所决定的。"西"是西方的意思,一般指西欧各国。"餐"就是饮食菜肴。我们通常所说的西餐不仅包括西欧国家的饮食菜肴,同时还包括东欧各国,也包括美洲、大洋洲、中东、中亚、南亚次大陆以及非洲等国的饮食。西餐一般以刀叉为餐具,以面包为主食。

西餐的主要特点是主料突出,形色美观,口味鲜美,营养丰富,供应方便等。它具有很多同中餐不一样的特点,这也是我们学习西餐应该了解的知识。

【前置作业】
结合自己的就餐经历说一说中西餐的区别
活动:结合自己的就餐经历说一说中西餐的区别。

要求:请学生课前进行资料的收集和学习,在课堂上阐述自己关于中西餐区别的看法,最好能够结合自己的实际经历。

【相关知识】
西方各国的餐饮文化都有各自的特点,各个国家的菜式也都不尽相同,例如法国人会认为他们做的是法国菜,英国人则认为他们做的菜是英国菜。西方人自己并没有明确的"西餐"概念,这个概念是中国人和其他东方人的概念。

西餐大致可分为法式、英式、意式、俄式、美式等几种,不同国家的人有着不同的饮食习惯,有种说法非常形象,说"法国人是夸奖着厨师的技艺吃,英国人注意着礼节吃,德国人考虑着营养吃,意大利人痛痛快快地吃……"现在,我们就来看看不同西餐的主要特点。

一、西餐之首——法式大餐

法国人一向以善于吃、精于吃而闻名,法式大餐至今仍名列世界西餐之首。

法式菜肴的特点是:选料广泛(如蜗牛、鹅肝都是法式菜肴中的美味),加工精细,烹调考究,滋味有浓有淡,花色品种多。法式菜还比较讲究吃半熟或生的食品,如牛排、羊腿以半熟鲜嫩为特点,海味的蚝也可生吃,烧野鸭一般六成熟即可食用等。同时,法式菜肴重视调味,调味品种类多样,用酒来调味,什么样的菜选用什么酒都有严格的规定。如清汤用葡萄酒,海味用白兰地酒,甜品用各式甜酒或白兰地等。法国菜和奶酪的品种也十分多样,法国人十分喜爱吃奶酪、水果和各种新鲜蔬菜。

法式菜肴的名菜有:马赛鱼羹、鹅肝排、巴黎龙虾、红酒山鸡、沙福罗鸡、鸡肝牛排等。

二、简洁与礼仪并重——英式西餐

英国的饮食烹饪有家庭美肴之称。英式菜肴的特点是:油少、清淡,调味时较少用酒,调味品大都放在餐台上由客人自己选用,烹调讲究鲜嫩,口味清淡,选料注重海鲜及各式蔬菜,菜量要求少而精。英式菜肴的烹调方法多以蒸、煮、烧、熏见长。

英式菜肴的名菜有:鸡丁沙拉、烤大虾苏夫力、薯烩羊肉、烤羊马鞍、冬至布丁、明治排等。

三、西餐始祖——意式大餐

在罗马帝国时代,意大利曾是欧洲的政治、经济、文化中心,虽然后来意大利落后了,但就西餐烹饪来讲,意大利却是始祖,可以与法国、英国媲美。意式菜肴的特点是:原汁原味,以味浓著称,烹调注重炸、熏等,以炒、煎、炸、烩等方法见长。意大利人喜爱面食,做法和吃法甚多。其制作面条有独到之处,各种形状、颜色、味道的面条至少有几十种,如字母形、贝壳形、实心面条、通心面条等。意大利人还喜食意式馄饨、意式饺子等。

意式菜肴的名菜有:通心粉素菜汤、焗馄饨、奶酪焗通心粉、肉末通心粉、比萨饼等。

四、营养快捷——美式菜肴

美国菜是在英国菜的基础上发展起来的,继承了英式菜简单、清淡的特点,口味咸中带甜。美国人一般对辣味不感兴趣,喜欢铁扒类的菜肴,常用水果作为配料与菜肴一起烹制,如菠萝焗火腿、菜果烤鸭。喜欢吃各种新鲜蔬菜和各式水果。美国人对饮食要求并不高,只要营养、快捷。

美式菜肴的名菜有:烤火鸡、橘子烧野鸭、美式牛扒、苹果沙拉等。

五、西菜经典——俄式大餐

沙皇俄国时代的上层人士非常崇尚法国,贵族不仅以讲法语为荣,而且饮食和烹饪技术也主要学习法国。但经过多年的演变,特别是俄国地处寒带,食物讲究热量高的品种,逐渐形成了自己的烹调特色。俄国人喜食热食,爱吃鱼肉、肉末、鸡蛋和蔬菜制成的小包子和肉饼等,各式小吃颇负盛名。

俄式菜肴口味较重,喜欢用油,制作方法较为简单。口味以酸、甜、辣、咸为主,酸黄瓜、酸白菜往往是饭店或家庭餐桌上的必备食品。烹调方法以烤、熏、腌为特色。俄式菜肴在西餐中影响较大,一些地处寒带的北欧国家和中欧南斯拉夫民族人们的日常生活习惯与俄罗斯人相似,大多喜欢腌制的各种鱼肉、熏肉、香肠、火腿以及酸菜、酸黄瓜等。

俄式菜肴的名菜有:什锦冷盘、鱼子酱、酸黄瓜汤、冷苹果汤、鱼肉包子、黄油鸡卷等。

六、啤酒、自助——德式菜肴

德国人对饮食并不讲究,喜吃水果、奶酪、香肠、酸菜、土豆等,不求浮华只求实惠营养,首先发明自助快餐。德国人喜喝啤酒,每年的慕尼黑啤酒节大约要消耗掉 100 万升啤酒。

【拓展知识】

一、西餐的上菜顺序

西餐种类繁多,风味各异,因此其上菜的顺序,因不同的菜系、不同的规格而有所差异,但其基本顺序大体相同。

一顿内容齐全的西餐一般有七八道菜式,主要由这样几部分构成:

第一,饮料(果汁)、水果或冷盆,又称开胃菜,目的是增进食欲。

第二,汤类(也即头菜)。需用汤匙,此时一般上有黄油、面包。

第三,蔬菜、冷菜或鱼(也称副菜)。可使用垫盘两侧相应的刀叉。

第四,主菜(肉食或熟菜)。肉食主菜一般配有熟蔬菜,此时要用刀叉分切后放餐盘内取食。如有沙拉,需要沙拉匙、沙拉叉等餐具。

第五,餐后食物。一般为甜品(点心)、水果、冰淇淋等。

最后为咖啡或者茶,喝咖啡应使用咖啡匙,喝茶则用茶匙。

二、西餐的就餐礼仪

①进餐时,除用刀、叉、匙取送食物外,有时还可用手取。如吃鸡、龙虾时,经主人示意,可以用手撕着吃。吃饼干、薯片或小粒水果,可以用手取食。面包则一律手取,注意取自己左手前面的,不可取错。取面包时,左手拿取,右手撕开,再把奶油涂上去,一小块一小块地撕着吃。不可用面包蘸汤吃,也不可一整块咬着吃。

②喝汤时,切不可以汤盘就口,必须用汤匙舀着喝。姿势是:用左手扶着盘沿,右手用匙舀,不可端盘喝汤,不要发出吱吱的声响,也不可频率太快。如果汤太烫时,应待其自然降温后再喝。

③吃肉或鱼的时候,要特别小心。用叉按好后,慢慢用刀切,切好后用叉子进食,千万不可用叉子将其整个叉起来,送到嘴里去咬。这类菜盘里一般有些生菜,往往是用于点缀和增加食欲的,吃不吃由你,不要为了面子强吃下去。

④餐桌上的佐料,通常已经备好,放在桌上。如果距离太远,可以请别人麻烦一下,不能自己站起来伸手去拿,这是很难看的。

⑤吃西餐时相互交谈是很正常的现象,但切不可大声喧哗,放声大笑,也不可抽烟,尤其是在吃东西时应细嚼慢咽,嘴里不要发出很大的声响,更不能把叉刀伸进嘴里。至于拿着刀叉做手势在别人面前挥舞,更是失礼和缺乏修养的行为。

⑥吃西餐还应注意坐姿。坐姿要正,脊背不可紧靠椅背,一般坐于座椅的四分之三即可。不可伸腿,不能跷起二郎腿,也不要将胳膊肘放到桌面上。

⑦饮酒时,不要把酒杯斟得太满,也不要和别人劝酒(这些都不同于中餐)。如刚吃完油腻食物,最好先擦一下嘴再去喝酒,免得让嘴上的油渍将杯子弄得油乎乎的。干杯时,即使不喝,也应将酒杯在嘴唇边碰一下,以示礼貌。

⑧吃鸡时,欧美人多以鸡胸脯肉为贵。吃鸡腿时应先用力将骨去掉,不要用手拿着吃。吃鱼时不要将鱼翻身,要吃完上层后用刀叉将鱼骨剔掉后再吃下层,吃肉时,要切一块吃一块,块不能切得过大,或一次将肉都切成块。

⑨喝咖啡时如愿意添加牛奶或糖,添加后要用小勺搅拌均匀,将小勺放在咖啡的垫碟上。喝时应右手拿杯把,左手端垫碟,直接用嘴喝,不要用小勺一勺一勺地舀着喝。吃水果时,不要拿着水果整个去咬,应先用水果刀切成四瓣再用刀去掉皮、核、用叉子叉着吃。

⑩用刀叉吃有骨头的肉时,可以用手拿着吃。若想吃得更优雅,还是用刀较好。用叉子将整片肉固定(可将叉子朝上,用叉子背部压住肉),再用刀沿骨头插入,把肉切开。最好是边切边吃。必须用手吃时,会附上洗手水。当洗手水和带骨头的肉一起端上来时,意味着"请用手吃"。用手指拿东西吃后,将手指放在装洗手水的碗里洗净。吃一般的菜时,如果把手指弄脏,也可请侍者端洗手水来,注意洗手时要轻轻地洗。

⑪吃面包可蘸调味汁,吃到连调味汁都不剩,是对厨师的礼貌。注意不要把面包盘子"舔"得很干净,而要用叉子叉住已撕成小片的面包,再蘸一点调味汁来吃,是雅观的做法。

任务二 迎宾服务

当宾客步入一家餐厅时,他所面对的第一个人就是餐厅的迎宾员,迎宾服务水准的高低将直接决定宾客对餐厅的第一印象。

【想一想】

优秀的西餐厅迎宾员应该具备怎样的素质?

【前置作业】

模拟受理外宾的就餐预订及迎宾

活动:以小组为单位设计的模拟受理外宾的就餐预订及迎接宾客的小品。

要求:以小品的形式展示在大家面前,最好全过程均采用英语进行演示。

【相关知识】

一、接受预订

零点餐厅的预订方式,一般有电话预订、客人到餐厅预订两种。作为西餐厅的服务员,在接受客人的预订时,应做到以下几点:

①熟练地回答客人提出的各种问题。

②积极向客人提出就餐建议。

③主动地满足客人的个性化需求,并准确记录客人姓名、用餐时间、用餐人数及特殊要求。

二、热情引领

客人来到餐厅后,无论客人是外宾,还是国内客人,餐厅迎宾员要做到以下几点:

①站在餐厅门口,热情地问候客人,用标准化的礼仪迎接客人。

②如客人是回头客,应称呼客人的姓名或职务,然后确认客人是否预订。

③在引领客人到餐位时,应走在客人的右前方,和客人保持1米的距离。

④引领客人来到餐台前,要使用礼貌用语请客人入座,并将客人介绍给餐厅服务员。

【拓展知识】

优质餐饮服务的趋势——个性化服务

近年来,"个性化服务"这五个字在服务行业,尤其是酒店业几乎成了一个口头禅,或者说是一个时髦的宣传用语。所谓个性化服务在英文当中的翻译是 personal service,它的基本含义是指为宾客提供具有个人特点的差异性服务,以便让接受服务的宾客有一种自豪感、满足感,从而对餐厅留下深刻的印象,并赢得他们的忠诚。提供个性化服务不能单纯片面地理解为只是为少数人提供优质的服务，而是要让每一位客人都能感觉到自己是在享受着餐厅为自己所特别安排的服务。

在餐饮市场竞争越来越激烈的今天，餐厅推出个性化服务可以吸引和赢得更多的宾客。具体而言，可以从以下几个方面来着手：

一、准备有特色的餐厅及餐位

到餐厅用餐的宾客有很多种类型，其中最普遍的一种是为了填饱肚子，其他的则包括家庭聚会、生日聚会、商务宴请、朋友情人间的聚餐，等等。因此，餐厅的管理者如果能够主动根据自己餐厅客人的构成和特点准备各具特色的包房（private dining room）、观景座位（view seat／window seats）、包厢座位（booth seats）、聚会台位（party tables）等，就能更好地为宾客提供个性化的服务。

对于一些常客，餐厅管理者和服务人员更应该通过客史记录了解他们的喜好，并在他们来餐厅用餐时主动提供相关的服务。例如，有的客人喜欢坐靠窗户边的座位，有的客人喜欢背对窗户的座位，有的客人喜欢一个人坐包厢，等等。只要条件允许，这些客人每次来用餐时，都应该被安排在他们所喜欢的厅房或者台位。

二、提供个性化的菜单

可能有人会问，菜单有什么个性可言，不就是在精美的纸品上印上菜名和价格吗？其实不然。菜单作为客人在餐厅用餐的主要参考资料，起着向客人传递信息的作用。客人从菜单上不仅可以了解餐厅提供的菜品、酒水及其价格等信息，还可以从菜单的设计和印制上感受到餐厅餐饮服务的气息和文化品位。因此，菜单的印刷精美固然重要，但独具匠心的设计则能够体现出个性化服务的内涵。

比如，位于美国巴尔的摩市的五星级酒店万丽湾景酒店的窗景餐厅，它的餐单就非常具有个性化的特色。

首先，这个餐厅的午餐菜单内页每天都要更换。尽管所换的只是一小部分，比如日期、星期、当日例汤、当日特色菜等，但是有了这些最新的内容再加上与当天（比如某个节日）相配套的问候语印在菜单第一页的顶部，使得客人一打开菜单就能感受到他们所享受的是最新的服务，并产生一种亲切感。

其次，这个餐厅还能够坚持按照预订记录本上的相关信息给那些 VIP 客人提供特别的菜单。就是说，只要餐厅有 VIP 客人或者有在餐厅举办特别的聚餐活动的客人，餐厅都会在客人到达之前做好个性化的菜单。

而且餐厅除了提供独具特色的成人菜单之外，还准备了精美的儿童菜单。列在这种菜单上的食品和饮料品种并不是非常多，但都集中印刷在一张色彩鲜艳的纸上，字体活泼，而且字号较大，便于儿童阅读。菜单的封面是请曾经在餐厅用过餐的小客人设计的,风格非常活泼可爱。更令儿童客人爱不释手的是,儿童菜单里面还有一本当月的儿童体育书报,每次有儿童顾客在父母的带领下来餐厅用餐时,服务员都会首先为小客人送上干净整洁的儿童菜单,令小朋友们喜出望外。

餐饮服务中的个性化服务远不止以上两种形式,也并没有什么现成的公式去套,完全取决于管理者和服务人员是否敢于创新、勇于实践,是否处处为客人着想。只有领会了个性化服务的内涵,个性化服务才能到位,才能名副其实。

任务三　西餐餐前准备工作

【学习目标】

熟悉西餐值台服务当中的各个工作环节,并了解与之相关的理论知识;
能够根据具体的情境完成相关的值台服务工作任务。

子任务一　认识西餐餐用具

西餐餐用具种类繁多,越是高档的西餐厅,餐用具越精致豪华。这些美丽的餐用具与西餐食品一起为宾客提供令人难忘的就餐经历,它们各自有不同的使用场合和方式,学习西餐就要首先从认识这些餐用具开始。

【前置作业】

比一比,看谁认得快又多

活动:以小组为单位进行资料的收集和学习,了解各种西餐餐用具的名称、用途及其特点,准备在课堂上介绍。

要求:能辨认餐用具,如果能够介绍其使用方式就更好了。

场地准备:餐饮实操室。

工具及用品准备:备好西餐厅中常用的各种餐用具。

【相关知识】

西餐餐用具的种类

西餐餐具主要是刀叉匙,不同的菜式使用不同的刀叉,特殊菜肴有专用的餐具,而西餐服务用具品种繁多,价格昂贵,每种用具都有其特定用途,要学会识别及运用。

一、西餐餐具

广义的西餐餐具包括刀、叉、匙、盘、杯、餐巾等。其中盘又有菜盘、布丁盘、奶盘、白托盘等;酒杯更是讲究,正式宴会几乎每上一种酒,都要换上专用的玻璃酒杯。狭义的餐具则专指刀、叉、匙三大件。刀分为鱼刀、肉刀(刀口有锯齿,用以切牛排、猪排等)、黄油刀和水果刀等主要类型。叉分为鱼叉、肉叉和虾叉等主要类型。匙则有汤匙、甜食匙、茶匙等。公用刀、叉、匙的规格明显大于餐用刀叉。

(一)金属餐具

金属餐具指的是宾客用餐的刀、叉、匙等。西餐讲究吃不同的菜肴用不同的刀叉,特殊菜肴用专用餐具,因此,所使用的餐具形状、大小多种多样。金属餐具见图4.1。

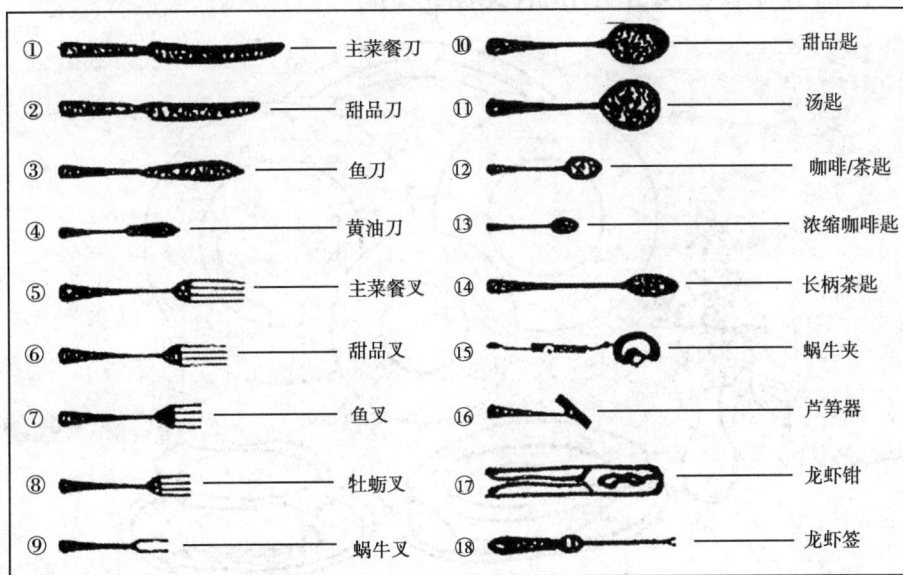

①	主菜餐刀	⑩	甜品匙
②	甜品刀	⑪	汤匙
③	鱼刀	⑫	咖啡/茶匙
④	黄油刀	⑬	浓缩咖啡匙
⑤	主菜餐叉	⑭	长柄茶匙
⑥	甜品叉	⑮	蜗牛夹
⑦	鱼叉	⑯	芦笋器
⑧	牡蛎叉	⑰	龙虾钳
⑨	蜗牛叉	⑱	龙虾签

图4.1

①主菜餐刀(dinner knife)。

②甜食刀(dessert knife)。

③鱼刀(fish knife)。

④黄油刀(butter knife)。

⑤主菜餐叉(dinner fork)。

⑥甜品叉(dessert fork)。

⑦鱼叉(fish fork)。

⑧牡蛎叉(seafood fork 或 cocktail fork)。

⑨蜗牛叉(snail fork)。

⑩汤匙(soup spoon)。

⑪甜品匙(dessert spoon)。

⑫咖啡/茶匙(tea spoon)。

⑬浓缩咖啡匙(demitasse spoon)。

⑭长柄茶匙(ice tea spoon)。

⑮蜗牛夹(snail tongs)。

⑯芦笋器。

⑰龙虾钳(lobster crasker)。

⑱龙虾签(lobster pick)。

(二)瓷器餐具及台上用品(见图4.2)

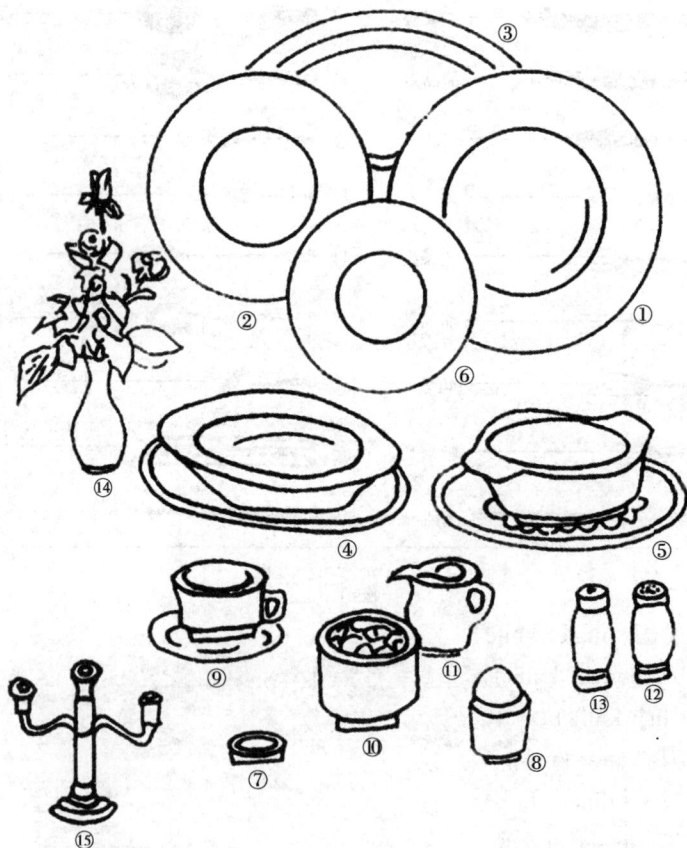

图4.2

①主菜盘(dinner plate)。

②甜食盘(dessert plate)。

③鱼盘(fish plate)。

④汤盘(soup plate)。

⑤汤杯(soup cup)。

⑥面包盘(bread plate)。

⑦牛油碟(butter dish)。

⑧蛋杯(egg cup)。

⑨咖啡杯(coffee cup)。

⑩糖缸(sugar basin)。

⑪奶罐(milk jag)。

⑫胡椒粉瓶(pepper shaker)。

⑬盐瓶(salt shaker)。

⑭花瓶(flower vase)。

⑮蜡烛台(candle stand)。

(三)玻璃酒杯

摆台用的玻璃酒杯一般有高脚水杯、红葡萄酒杯、白葡萄酒杯等。

二、西餐用具

①糖夹。

②冰夹。

③通心粉夹。

④糕饼夹。

⑤服务匙(带槽)。

⑥服务叉。

⑦蛋糕刀。

⑧蛋糕托匙。

⑨台刷。

⑩切肉叉。

⑪切肉刀。

⑫剔骨钢刀。(①—⑫详见图4.3)

⑬方暖锅。

⑭椭圆形暖锅。

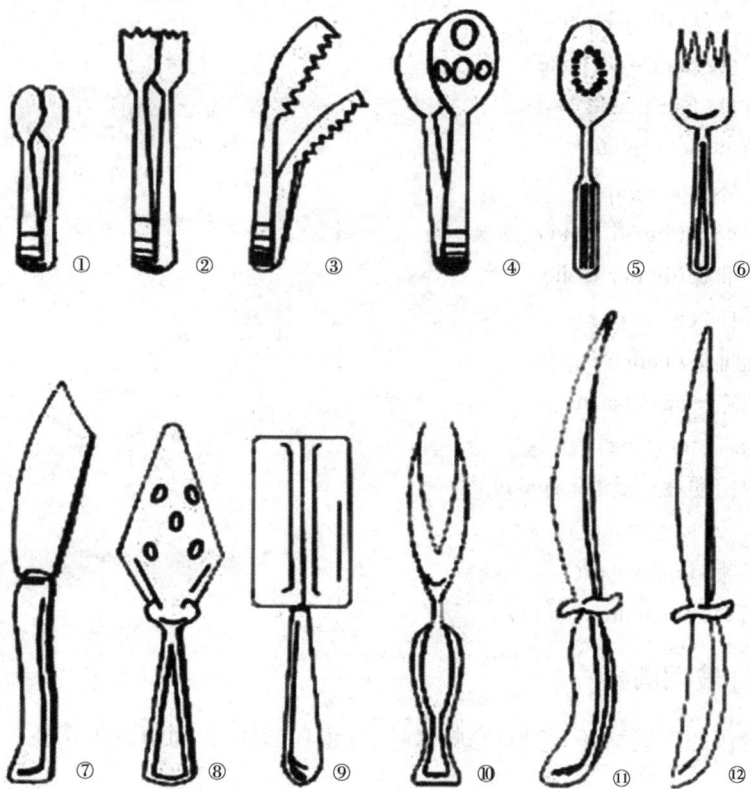

图 4.3

⑮大汤锅。

⑯食物盘。

⑰酒篮。

⑱面包篮。

⑲肉汁盆。（⑫—⑲详见图4.4）

⑳大银盘。（详见图4.5）

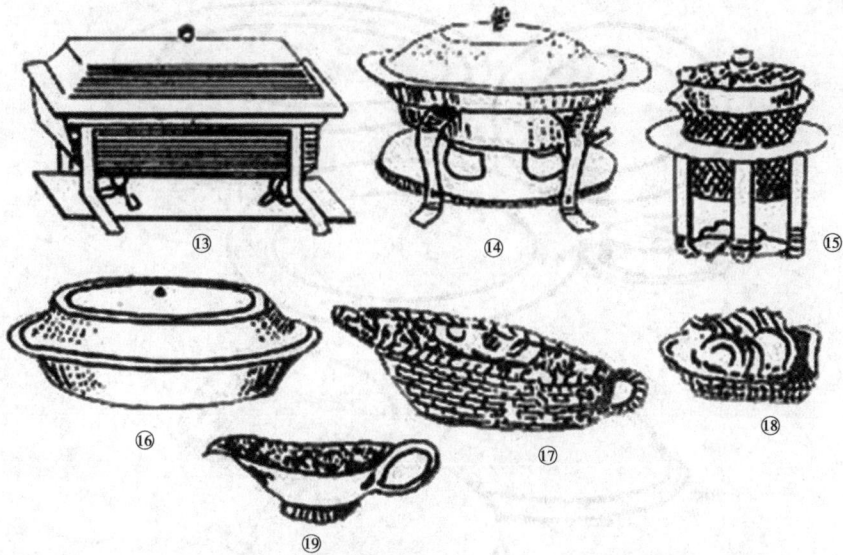

图 4.4

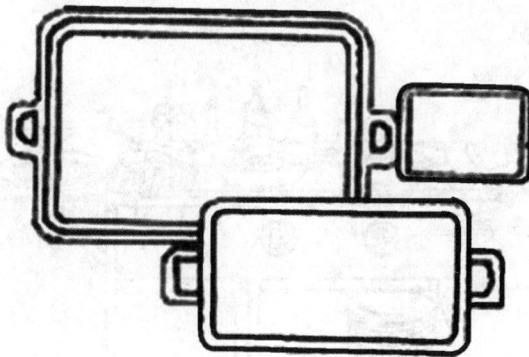

图 4.5

㉑菜盖。(详见图4.6)

㉒燃焰烹制车。(详见图4.7)

图 4.6

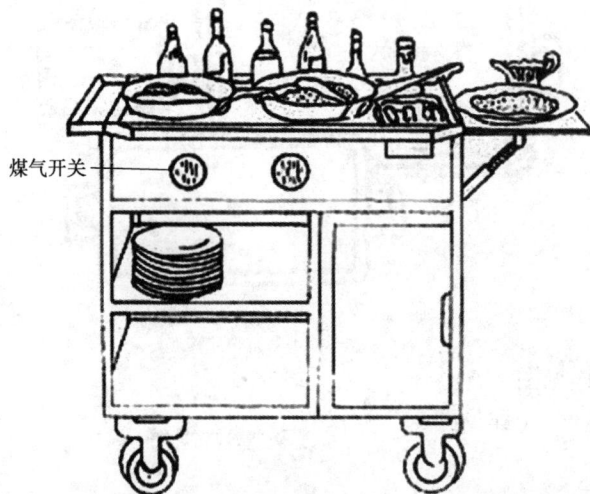

煤气开关

图 4.7

㉓活动服务车。(详见图 4.8)

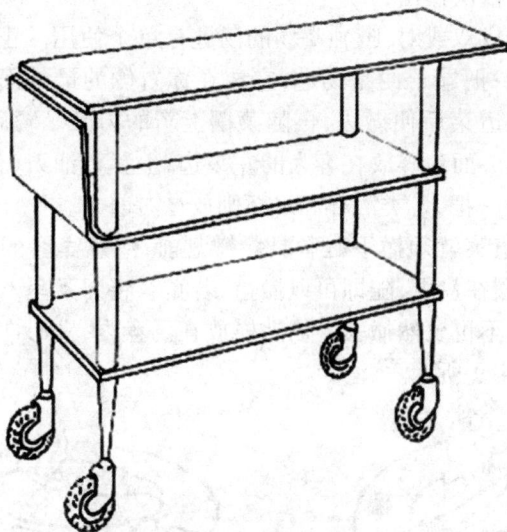

图 4.8

【拓展知识】

　　西餐用的刀、叉、匙各有其用,不能替代或混用。下面介绍西餐用具在使用和摆放过程中的要点。

　　1. 刀、叉和匙的使用

　　刀是用来切割食物的,不要用刀挑起食物往嘴里送。记住:右手拿刀。如果用餐时,有三种不同规格的刀同时出现,一般正确的用法是:带小锯齿的那一把用来切肉制食品;中等大小的用来将大片的蔬菜切成小片;而那种小巧的、刀尖是圆头的、顶部有些上翘的小刀,则是吃面包的时候用的,用它挑些果酱、奶油涂在面包上面。

　　使用左手拿叉,叉起食物往嘴里送时动作要轻,挑起适量食物一次性放入口中,不要拖拖拉拉一大块,咬一口再放下,这样很不雅。叉子挑起食物入嘴时,牙齿只碰到食物,不要咬叉,也不要让刀叉在齿上或盘中发出声响。

　　在正式场合下,匙有很多种,小的是用于咖啡和甜点心的;扁平的用于涂黄油和分食蛋糕;比较大的,用来喝汤或盛碎小食物;最大的是公用于分食汤的,常见于自助餐。

　　2. 餐具的摆放

　　餐盘应放在餐桌的正前方。两侧的刀、叉、匙排成整齐的平行线,右侧放刀,左侧放叉,刀刃朝向餐盘,叉齿朝上。两者都按使用顺序,由外侧往内侧摆。碰到吃全席大菜时,这些餐具就按照用开胃小菜、汤、海鲜、肉类、冷饮、烘烤食物、沙拉、餐后甜食的顺序依次摆出。

通常,刀和叉都成双成对,唯独喝汤的汤匙是单个使用。正餐一般从汤开始,放在你面前最大的一把匙子便是汤匙,它放在你右侧的最外面。桌上的刀、叉以三副为限,当上完三道菜后便撤去,再随菜摆上新的刀叉。餐后的甜食另有甜食刀、甜食叉和甜食匙。面包碟放在客人的左手边,上置黄油刀(供抹奶油、果酱用,而不是用来切面包)一把,各类酒杯和水杯则放在右前方。

西餐每吃完一道菜就须撤下脏餐具。撤盘前,注意宾客的刀叉摆法,如果看到宾客将刀叉合并摆在盘上,随即可以撤盘;若宾客将刀叉呈八字搁在餐盘两边,说明还要继续食用,不可贸然撤去。汤匙横放在汤盘内,匙心向上,也表示用汤餐具可以收走。如图4.9所示。

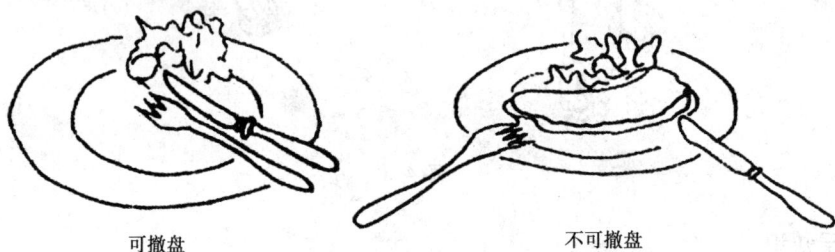

可撤盘   不可撤盘

图4.9

3.英美人使用刀叉的不同习惯

英国人和美国人使用刀、叉的习惯略有不同。

在上主菜即肉菜时,虽然他们切分肉食都是右手持刀,左手持叉。但是,英国人用左手拿叉,叉头朝下,把肉扎起来送入口中;如果有烧烩的蔬菜,就用刀把菜挑到叉上再送入口。而美国人则在切分好肉以后,把刀放下,换用右手拿叉,叉尖朝上插入小块食物下面,铲起食物送入口中。

用餐完毕,英国人将刀、叉放在盘子中央,绝不让刀叉的一端放在盘子上,而另一端搁在桌上。而美国人却把刀横放在盘子右下边边沿上,叉放在旁边,让叉尖朝上。

需要注意的是,西方取食面包是用手去拿的,而决不可用叉去叉。拿好面包后,放在旁边的小碟中或大盘子的边沿上。涂面包黄油时,应从面包上掰下一块,用刀抹些黄油再吃,而不是把整块面包一下子都抹上黄油。

子任务二 摆 台

摆台,出自法语词 couvert,主要是指餐桌席位的安排和台面的摆设。摆出一桌造型美观的台面,不仅为客人提供一个舒适的就餐场地和一套整洁的就餐用具,而且可为其带来赏心悦目的艺术享受,这当然也是美食不可缺少的一部分。

无论是散桌的摆台还是宴会的摆台,所使用的餐桌不外乎方桌、长桌或圆桌。根据需要,也可以是由它们拼成的各式大型桌子。但无论桌子大小,桌上的摆设和用具大同小异。

【前置作业】

了解西餐摆台的要领

活动:请学生课前进行资料的收集和学习,了解西餐摆台的要领及其他相关知识。

要求:在课堂上阐述相关观点。

【相关知识】

一、西餐摆台要领

①西餐餐具的摆放规格各地不尽一样,在国外有法式、美式、俄式等摆台规则,但基本要领都是一样的,总结如下:

- 餐盘正中、盘前横匙;叉左刀右、先外后里;
- 叉尖向上、刀口朝盘;主食靠左、饮具在右。

②西餐餐具摆放顺序是:先摆餐盘(装饰盘)定位,后摆各种刀、叉、匙,再摆面包盘、牛油刀,最后摆各种酒杯,餐具摆好后,在餐盘上摆上餐巾花。餐桌中间还需摆上花瓶、胡椒粉瓶、盐瓶、糖缸和蜡烛台、烟缸、火柴等。

③摆放餐具时应戴上白色手套,注意手要拿瓷器的边沿、刀叉匙的把柄、酒杯的杯脚,在客人右侧摆刀匙,左侧摆叉。

二、咖啡厅摆台

咖啡厅一般不铺台布,餐刀叉摆放在垫纸上。根据不同餐别,咖啡厅摆台分为零点早餐摆台、自助早餐摆台、午晚餐摆台、午晚自助餐摆台以及下午茶摆台。摆位规格如图4.10—图4.13所示。

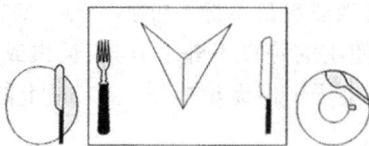

图4.10

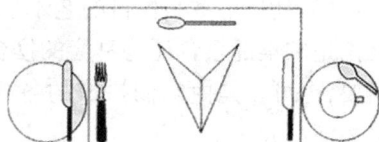

图4.11

图4.12

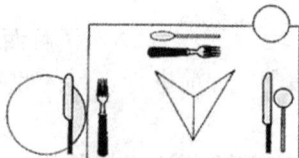

图4.13

摆位时先铺上垫纸或菜单,垫纸距桌边 1 厘米;餐刀摆在垫纸内右侧,刀柄距纸边 1 厘米;餐叉摆在垫纸内左侧,叉柄距纸边 1 厘米;垫纸左侧摆面包盘,碟边距桌边 5 厘米;牛油刀摆在面包盘内右侧与餐叉平行;早餐要在垫纸右侧摆一套咖啡杯具,杯耳朝右,咖啡匙摆在杯碟上并与桌边成45°;午晚餐不摆咖啡杯,但在餐刀上方2 厘米处摆水杯;餐巾花摆在垫纸正中央。

①自助早餐摆台:需在早餐摆位规格基础上加摆一把甜食匙,甜食匙摆在餐巾花正上方,匙把朝右。

②自助午晚餐摆台:在午晚餐摆位规格基础上加摆汤匙、甜食匙和甜食叉。汤匙摆在餐刀右侧,甜食匙、叉摆在餐巾花正上方,叉在下匙在上,叉把朝左匙把朝右。

③下午茶摆台:只摆一套咖啡杯具在垫纸中央。

三、扒房摆台

扒房摆台前,首先要在餐桌上铺好台垫(薄层海绵或绒布),并用细绳将台垫系在或钉牢在台脚上,以免滑动。

台布要求干净、熨烫平整、无破损且尺寸适当。铺台布时,服务员站在长餐桌侧边,将台布横向打开,双手捏住台布布边,将台布送至餐桌另一侧,然后将台布从餐桌另一侧向身体一侧慢慢拉开,台布中线折痕凸面朝上且铺在餐桌中线上,四周下垂部分均匀,在台布上面还可以再铺一块罩布,大小与餐桌面相同,颜色可以与台布不一样,但要协调。

扒房餐具摆放可分为零点摆位和套餐摆位。

摆位规格如图 4.14 和图 4.15 所示。

图 4.14

图 4.15

　　装饰盘摆在每个座位的正中位置，距桌边 2 厘米；餐刀位于装饰盘右侧 1 厘米，刀口朝盘，刀把距桌边 2 厘米；餐叉位于装饰盘左侧 1 厘米，叉尖朝上，叉把距桌边 2 厘米；面包盘位于餐叉左侧 1 厘米，距桌边 2 厘米；牛油刀位于面包盘内右侧 1/3 处，刀口朝左，并与餐叉平行；水杯位于餐刀上方 2 厘米处；餐巾花摆放在装饰盘内。

　　套餐摆位在零点餐摆位的基础上，在餐刀外侧加摆沙律刀叉，汤匙加摆在沙律刀右侧，甜食匙叉加摆在装饰盘正上方 1 厘米处，在水杯右下方 45°，依次加摆红葡萄酒杯和白葡萄酒杯，三杯互距 1 厘米呈一直线。

四、宴会摆台

　　①西餐宴会台型设计。西餐宴会多采用长台，台型应根据宴会的人数、宴会厅的形状和大小来设计。一般有长方一字形、T 字形、口字形、U 字形、山字形，等等。如图 4.16 所示。

　　②西餐宴会席位安排。一字形长台的席位，一般有两种安排，一种是主人坐

在正中上方,第一主宾在主人的右侧,第三主宾在主人的左侧;副主人坐在主人的对面,第二主宾在副主人的右侧,第四主宾在副主人的左侧。另一种是把主人和副主人安排在长台纵向的两端,详见图 4.17 所示。

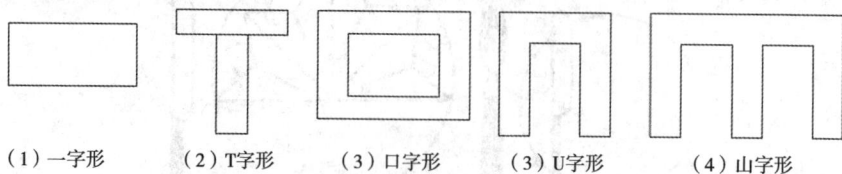

（1）一字形　　　（2）T 字形　　　（3）口字形　　　（3）U 字形　　　（4）山字形

图 4.16

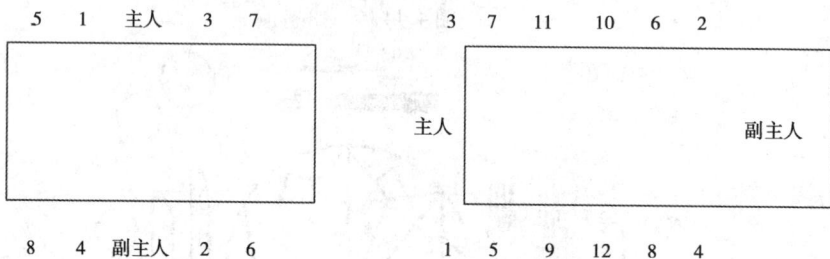

图 4.17

③宴会摆台。西餐宴会餐台由多桌组成,铺台时须使用多张台布拼铺而成。铺设时,应从餐厅的里面往门口方向铺,让每张台布的接缝朝里,使步入餐厅的客人看不见接缝为原则,要求台布中线相连,凸面朝上且呈一直线,台布下垂部分四边平行相等,台布下沿正好接触到餐椅边缘。

餐具摆放规格应根据宴会菜单,选择相应的餐具,按上菜顺序先外后里将刀、叉、匙全部摆齐。

西餐宴会摆台规格详见图 4.18,摆席规格详见图 4.19。

图 4.18

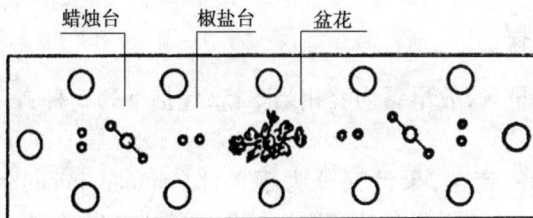

图 4.19

【实践园】

掌握西餐摆台的要领及标准,练习西餐早餐、正餐、宴会摆台;能根据不同餐别,按规格摆放就餐用具。

任务四 认识西式早餐

西式早餐通常较简单,但很受重视,尤其是欧美人。他们认为早餐若吃得舒服,即表示今天一天会有愉快、满意的时光。有些人甚至利用早餐时间,边吃边谈生意。在旅游酒店中,西式早餐一般由咖啡厅负责提供。

【前置作业】

为西餐厅设计早餐餐单

活动1:请你收集至少两份西餐厅的早餐单。

要求:比较它们的优劣势。

活动2:在收集和分析西餐早餐单的基础上,进行西餐厅早餐餐单的设计。

要求:准备以小组为单位展示所设计的西餐厅早餐餐单,并阐述自己的构思和创意过程。

【相关知识】

一、依区域进行划分

依区域进行划分西式早餐一般可分为两种,一是美式早餐(American breakfast,英国、美国、加拿大、澳大利亚及新西兰等,以英语为母语的国家都属于此类);一是欧式早餐(Continental breakfast,德国、法国等即是)。

（一）美式早餐

美国人较重视早餐,故早餐内容相当丰富,包括下列5种:

1. 水果或果汁

这是早餐的第一道菜,果汁又分为罐果汁（canned juice）及新鲜果汁（fresh juice）两种。另有一种将干果加水,用小火煮至汤汁蒸发殆尽,水果软为止,以餐盘端上桌,用汤匙边刮边舀着吃。

2. 谷类

玉米、燕麦等制成的谷类食品,通常加砂糖及冰牛奶,有时再加香蕉切片、草莓或葡萄干等。此外尚备有麦片粥（oatmeal）或玉米粥（cornmeal）,以供顾客变换口味,吃时加牛奶和糖调味

3. 蛋——早餐的主食

这是早餐的第二道菜,通常为两个蛋,随着烹煮方法之不同,有不同的种类。

4. 吐司和面包

吐司通常烤成焦黄状,要注意 toast with butter 和 buttered toast 的不同。Toast with butter 是指端给客人时,吐司和牛油是分开的。Buttered toast 是指把牛油涂在吐司上面之后,再端给客人,美国的 coffee shop 大都提供这种 buttered toast。

此外,还有各种糕饼,以供客人变换口味。注意吃的时候不可用叉子叉,要用手拿,抹上黄油、草莓酱（strawberry jam）或橘皮（marmalade）,咬着吃。

5. 饮料

饮料是指咖啡或茶等不含酒精的饮料。所谓 white coffee 是指加奶精（cream）的咖啡,也就是法语中的 café au lait,较不伤胃。不加奶精的咖啡就称为 black coffee。

（二）欧陆式早餐

欧陆式早餐比美式早餐简单,内容大致相同,但不供应蛋类,客人想点叫蛋类食品时,得另外付费。

二、依供餐性质来分

①套餐（set menu）:法文 Table d'Hote,相当于英文的 Table of Host。

②单点（法文 A La Carte,相当于英文的 on the card）:客人可依个人喜好点叫其喜好之餐点。

③自助餐（buffet/all you can eat）:客人可自由选择取用其所喜爱之佳肴,价格也较便宜。

三、依不同的要求、年龄和宗教信仰亦分为

①儿童菜单。
②客房用菜单。
③素食菜单。
④外带菜单。

【拓展知识】
西餐早餐的品种主要有以下 5 类：

一、水果或果汁

常见的新鲜果汁如下：

grapefruit juice　葡萄柚汁
orange juice　柳橙汁
grape juice　葡萄汁
guava juice　番石榴汁
V-8 juice　罐头综合菜汁
mixed vegetable juice　什锦蔬菜汁

tomato juice　番茄汁
pineapple juice　凤梨汁
apple juice　苹果汁
papaya juice　木瓜汁
fresh garrot juice　新鲜胡萝卜汁

常见的罐头果汁如下：

peaches in syrup　蜜汁桃子
figs in syrup　蜜汁无花果
loquats in syrup　蜜汁枇杷

apricots in syrup　蜜汁杏子
pears in syrup　蜜汁梨子
chilled fruit cup　什锦果盅

常见的炖水果干如下：

stewed figs　炖无花果
stewed peaches　炖桃干

stewed prunes　炖李子
stewed apricots　炖杏干

二、谷类

比较常见的有：corn flakes（玉米片）、rice crispies（脆爆米）、rye crispies（脆麦）、puff rice（泡芙）、wheaties（小麦干）、cheerios（保健麦片）以及麦片粥（oatmeal）或玉米粥（cornmeal）。

三、蛋类

煎蛋：fried eggs（只煎一面的荷包蛋称为 sunny-side up，两面煎半熟叫 over easy，两面全熟的叫 over hard 或 over well-done）。

带壳水煮蛋:boiled eggs（煮三分钟熟的叫 soft boiled,煮五分钟熟的叫 hard boiled）。

去壳水煮蛋:poached eggs（将蛋去壳,滑进锅内特制的铁环中,在将沸的水中或水面上煮至所要求的熟度）。

炒蛋:scrambled eggs。

蛋卷:omelet（把蛋打匀,倒入热锅中,慢慢地使它变硬,并在锅前端卷成一个椭圆形的蛋包,可以不同的馅菜做不同的蛋卷）。

煎蛋、煮蛋、炒蛋等由客人选择火腿(ham)、腌肉(bacon)、腊肠(sausage)作为配料,以盐、胡椒(pepper)调味。蛋卷则有下列各种形式:

plain omelet	普通蛋卷	ham omelet	火腿蛋卷
ham & cheese omelet	火腿乳酪蛋卷	spanish omelet	西班牙式蛋卷
omelet with strawberries	草莓蛋卷	jelly omelet	果酱蛋卷
cheese omelet	乳酪蛋卷	mushroom omelet	香菇蛋卷

四、面包

常见的有:

corn bread	玉米面包	corn muffin	玉米松饼
english muffin	英国松饼	biscuit	饼干
chocolate doughnut	巧克力油煎圈饼	jelly doughnut	果酱油煎圈饼
miniature danish rolls	丹麦小花卷	cinnamon rolls	肉桂卷
hot danish rolls	牛油热烘丹麦花卷	croissant	牛角面包

plain muffin　松饼（须趁热吃,从中间横切开,涂上牛油、果酱或糖汁等）

waffles　压花蛋饼（可涂上牛油或枫树蜜汁,用一只叉子连切带叉即可）

glazed doughnut　糖衣没煎圈饼（吃油煎圈饼要用手拿着咬）

plain doughnut　素油煎圈饼　　powdered sugar doughnut　糖粉油煎圈饼

buckwheat pancakes　荞麦煎饼（通常有三片或四片,吃时将牛油放在热煎饼上使其溶化,然后将枫树蜜汁涂在上面,用叉子边割边叉着吃）

hot cakes with Maple syrup　枫树蜜汁煎饼

french toast　法式煎蛋衣面包片（这是将吐司沾上蛋和牛奶调成的汁液,在平底锅中煎成两面发黄的吐司,吃时可涂果酱或盐及胡椒粉）

五、饮料

在国外,tea(茶)一般是指红茶。如果要绿茶则须指明 green tea。早餐的咖啡和红茶都是无限制供应。

任务五　认识西式正餐

西式正餐的种类比较繁多,而且用餐礼仪和用餐的菜式顺序都有较为严格的规范,本节将学习关于西式正餐的知识。

【前置作业】

收集西餐厅的正餐餐单

活动:以小组为单位收集至少两份西餐厅的正餐餐单。

要求:对收集到的餐单进行分析,说明它为什么要进行这样的设计。

【相关知识】

一、头盘

西餐的第一道菜是头盘,也称为开胃品。开胃品的内容一般有冷头盘和热头盘之分,常见的品种有鱼子酱、鹅肝酱、熏鲑鱼、鸡尾杯、奶油鸡酥盒、焗蜗牛等。因为是要开胃,所以开胃菜一般都有特色风味,味道以咸和酸为主,而且数量少,质量较高。

二、汤

和中餐不同的是,西餐的第二道菜就是汤。西餐的汤大致可分为清汤、奶油汤、蔬菜汤和冷汤等4类。品种有牛尾清汤、各式奶油汤、海鲜汤、美式蛤蜊汤、意式蔬菜汤、俄式罗宋汤、法式焗葱头汤。冷汤的品种较少,有德式冷汤、俄式冷汤等。

三、副菜

鱼类菜肴一般作为西餐的第三道菜,也称为副菜。品种包括各种淡、海水鱼类、贝类及软体动物类。通常水产类菜肴与蛋类、面包类、酥盒菜肴品都称为副菜。因为鱼类等菜肴的肉质鲜嫩,比较容易消化,所以放在肉类菜肴的前面,叫法上也和肉类菜肴主菜有区别。西餐吃鱼菜肴讲究使用专用的调味汁,品种有鞑靼汁、荷兰汁、酒店汁、白奶油汁、大主教汁、美国汁和水手鱼汁等。

四、主菜

肉、禽类菜肴是西餐的第四道菜,也称为主菜。肉类菜肴的原料取自牛、羊、猪、小牛仔等各个部位的肉,其中最有代表性的是牛肉或牛排。牛排按其部位又可分为沙朗牛排(也称西冷牛排)、菲力牛排、"T"骨形牛排、薄牛排等。其烹调方法常用烤、煎、铁扒等。肉类菜肴配用的调味汁主要有西班牙汁、浓烧汁精、蘑菇汁、白尼斯汁等。

禽类菜肴的原料取自鸡、鸭、鹅,通常将兔肉和鹿肉等野味也归入禽类菜肴。禽类菜肴品种最多的是鸡,有山鸡、火鸡、竹鸡,可煮、炸、烤、焖,主要的调味汁有黄肉汁、咖喱汁、奶油汁等。

五、蔬菜类菜肴

蔬菜类菜肴可以安排在肉类菜肴之后,也可以和肉类菜肴同时上桌,所以可以算为一道菜,或称为一种配菜。蔬菜类菜肴在西餐中称为沙拉。和主菜同时服务的沙拉,称为生蔬菜沙拉,一般用生菜、西红柿、黄瓜、芦笋等制作。沙拉的主要调味汁有醋油汁、法国汁、干岛汁、奶酪沙拉汁等。

沙拉除蔬菜之外,还有一类是用鱼、肉、蛋类制作的,这类沙拉一般不加味汁,在进餐顺序上可以作为头盘。还有一些蔬菜是熟的,如花椰菜、煮菠菜、炸土豆条。熟食的蔬菜通常和主菜的肉食类菜肴一同摆放在餐盘中上桌,称为配菜。

六、甜品

西餐的甜品是主菜后食用的,可以算作第六道菜。从真正意义上讲,它包括所有主菜后的食物,如布丁、煎饼、冰淇淋、奶酪、水果等。

七、咖啡和茶

西餐的最后一道是上饮料、咖啡或茶。喝咖啡一般要加糖和淡奶油。茶一般要加香桃片和糖。

[拓展知识]
西餐的具体吃法和中餐有很大区别。

一、吃面包和黄油时,通常是小圆面包和面包条

自己拿面包和黄油,然后用手把面包掰成几小块,抹一块,吃一块。吃三明治,小的三明治和烤面包是用手拿着吃的,大点的吃前先切开。配卤汁吃的热三明治需要用刀和叉。

二、吃肉类

西方人吃肉（指的是羊排、牛排、猪排等）一般都是大块的。吃的时候,用刀、叉把肉切成一小块,大小刚好是一口。吃一块,切一块,不要一下子全切了,也千万不要用叉子把整块肉夹到嘴边,边咬边咀嚼边吞咽。

吃牛肉（牛排）的场合,由于可以按自己爱好决定生熟的程度,预订时服务员或主人会问你生熟的程度。

吃有骨头的肉,比如吃鸡的时候,不要直接"动手",要用叉子把整片肉固定（可以把叉子朝上,用叉子背部压住肉）,再用刀沿骨头插入,把肉切开,边切边吃。如果是骨头很小时,可以用叉子把它放进嘴里,在嘴里把肉和骨头分开后,再用餐巾盖住嘴,把它吐到叉子上,然后放到碟子里。不过需要直接"动手"的肉,洗手水往往会和肉同时端上来。一定要时常用餐巾擦手和嘴。

吃鱼时不要把鱼翻身,吃完上层后用刀叉剔掉鱼骨后再吃下层。

三、吃沙拉

西餐中,沙拉往往出现在这样的场合里:作为主菜的配菜,比如说蔬菜沙拉,这是常见的;作为间隔菜,比如在主菜和甜点之间;作为第一道菜,比如说鸡肉沙拉。如果沙拉是一大盘端上来就使用沙拉叉。如果和主菜放在一起则要使用主菜叉来吃。如果沙拉是间隔菜,通常要和奶酪、炸玉米片等一起食用。先取一两片面包放在你的沙拉盘上,再取两三片玉米片。奶酪和沙拉要用叉子吃,而玉米片可以用手拿着吃。如果主菜沙拉配有沙拉酱,可以先把沙拉酱浇在一部分沙拉上,吃完这部分后再加酱。直到加到碗底的生菜叶部分,这样浇汁就容易了。

沙拉习惯的吃法应该是:将大片的生菜叶用叉子切成小块,如果不好切可以刀叉并用。一次只切一块,吃完再切。

四、蚝和文蛤

吃蚝和文蛤用左手捏着壳,右手用蚝叉取出蚝肉,蘸调味料用蚝叉吃。小虾和螃蟹的混合物也可以单独蘸调味料,用蚝叉吃。

五、意大利面

吃意大利面,要用叉子慢慢地卷起面条,每次卷四五根最方便。也可以用调羹和叉子一起吃,调羹可以帮助叉子控制滑溜溜的面条。不能直接用嘴吸,不然容易把汁溅得到处都是。

六、水果

在许多国家,把水果作为甜点或随甜点一起送上。通常是许多水果混合在一起,做成水果沙拉,或做成水果拼盘。吃水果关键是怎样去掉果核。不能拿着整个去咬。有刀叉的情况下,应小心地使用,用刀切成四瓣再去皮核,用叉子叉着吃。要注意别把汁溅出来。没有刀或叉时,可以用你的两个手指把果核从嘴里轻轻拿出,放在果盘的边上。把果核直接从嘴里吐出来,是非常失礼的。

任务六　接受点菜

西餐在菜单的安排上与中餐有很大不同。以举办宴会为例,中餐宴会除了将近 10 种冷菜外,还要有热菜 6 ~ 8 种,再加上点心甜食和水果,显得十分丰富。而西餐虽然看着有 6 道或 7 道,似乎很繁琐,但每道一般只有一种,对许多人来说,点西餐菜还是比较陌生的。本节介绍关于西餐点菜的知识。

【前置作业】
模拟西餐点菜的过程
活动:以小组为单位进行西餐点菜知识的学习。
要求:在课堂上模拟西餐点菜的过程,并对设计的要点进行阐述。
活动准备:餐桌椅、必要的装饰和摆台以及西餐餐单等。

【相关知识】

一、西式正餐接受点菜的程序

①领班从客人右侧给客人点菜,按顺时针方向,先女后男进行。
②点菜过程中,要问清牛排、羊排的生熟程度;沙律跟何种沙律汁,等等。
③点菜完毕,要复述客人所点菜式的名称、数量,并收回餐牌。
④领班或酒管事根据客人所点的菜肴食品,主动推销与其相配的佐餐酒。
⑤服务员根据领班点菜所划的台迹及客人所点的菜式,为客人调整补充餐具。如需要则准备桌边服务的燃焰烹制车、用具、调味品,等等。

二、对于西式正餐作为客人如何点菜

到西餐厅吃饭想点什么菜是个人的爱好,但菜与菜的搭配却非常重要。懂得一些西餐点菜的要诀能够帮助你更好地享受西餐。

首先,尽快决定主菜。譬如,主菜如果是鱼,那么,开胃菜选择肉类,在口味上就比较富有变化。

除了食量特别大的人之外,其实不必从菜单上的单品菜内配出全餐;只要开胃菜和主菜各一道,再加一份甜点就绰绰有余了。可以不要汤,或者省去开胃菜,加一道汤,这也是很理想的组合(但在意大利菜中,意大利面视同汤的性质,因此原则上这两道菜不一起点)。如果真一时无法决定,可询问领班:"今天的主厨推荐哪一道菜?"或"我想吃肉,但不喜欢油腻,哪一种比较好?"领班会给你满意的答复。

正式的全套西餐上菜顺序是:①前菜和汤;②鱼;③水果;④肉类;⑤乳酪;⑥甜点和咖啡;⑦水果,还有餐前酒和餐酒。没有必要全部都点,点太多却吃不完反而失礼。稍有水准的餐厅都欢迎只点前菜的客人。前菜、主菜(鱼或肉择其一)加甜点是最恰当的组合。点菜并不是由前菜开始点,而是先选一样最想吃的主菜,再配上适合主菜的汤。

【拓展知识】

一、下面是一份模拟的西餐点菜英文情境对话

Emma:Are you ready to order? (您现在可以点菜吗?)

Guest:Yeah, I think I am actually. Could I just have the soup to start please? (是的。请先给我来一份例汤,好吗? 今日的例汤是什么?)

Emma:That's minestrone, is that all right sir?
(是意大利蔬菜汤,可以吗?)

Guest:Yeah, that's fine, and for the main course could I have the chicken please? (可以。好的⋯⋯至于主菜,请给我一份鸡肉,好吗?)

Emma:Chicken. (鸡肉)

Guest: And just some vegetables and some boiled potatoes please.
(再来一点蔬菜和煮土豆。)

Emma:Boiled potatoes, OK? (煮土豆,可以吗?)

Guest: Thanks very much.

Emma:OK.

二、下面是用英文进行西餐点菜时可能会用到的英文

1. Sit down, please. Here is the menu. May I take your order, sir?

请坐,给您菜单。先生,您要点菜吗?

2. What would you like to have, coffee or tea?　您要喝咖啡还是茶?

3. Would you like to have some wine with your dinner?　您用餐时要喝点酒吗?

4. It's our chef's recommendation.　这是我们大厨的拿手菜。

5. What kind of food would you like to have?　您想吃什么菜?

6. We look forward to having with us tonight.　我们期待您今晚大驾光临。

7. I'm sorry , but I didn't quite catch what you just said.
对不起,我没有听明白您刚才的话。

8. I beg your pardon? /Pardon?　对不起,请再说一遍。

9. Sorry, sir , but I don't understand what your mean.
很抱歉,先生,我没有听懂您的意思。

10. It's delicious and worth a try.　它鲜美可口,值得一试。

11. I suggest that you have a taste of Italy dishes.　我建议你们尝尝意大利菜。

12. Try the green crab if you don't mind.
如果您不介意的话,不妨尝一下这种青蟹。

13. You'll regret if you don't have a test.　如果您不尝一下,您准会后悔的。

14. It is a must for every birthday dinner.　这对每个生日庆宴都是必不可少。

15. I hope you'll have a good time.　祝您玩得愉快。

16. What would you like for dinner/dessert?　您喜欢吃点什么餐/甜点?

17. How would you like the steak/eggs?　您喜欢怎么样做的牛排/鸡蛋?

18. I would suggest Californian red wine for the beef steak.
我建议您配牛排喝加利福尼亚红酒。

19. Many guests give high comments on the dish.
许多宾客对这个菜赞赏备至。

【实践园】
请与你的同学用英文模拟西餐点菜。

任务七　酒水服务

酒水的主要功能,是在用餐时开胃助兴。然而欲使酒水正确地发挥这一作用,就必须懂得酒菜搭配之道。唯有如此,二者才会相得益彰。不然,就很有可能会是事倍功半,甚至坏人食欲。

【前置作业】

识别酒水

活动:以小组为单位进行酒水知识的学习,了解有关酒水的知识。

要求:在课堂上进行辨别,并介绍有关酒水的知识。

用品准备:西餐中常见的几种餐前酒、佐餐酒和餐后酒。

【相关知识】

一、西餐中酒与菜的搭配

在正式的西餐宴会里,酒水是主角,不仅它最贵,而且它与菜肴的搭配也十分严格。一般来讲,吃西餐时,每道不同的菜肴要配不同的酒水,吃一道菜便要换上一种新的酒水。西餐宴会中所上的酒水,一共可以分为餐前酒、佐餐酒、餐后酒等三种。它们各自又拥有许多具体种类。

(一)餐前酒

餐前酒又名开胃酒。显而易见,它是在开始正式用餐前饮用,或在吃开胃菜时与之配伍的。它是以葡萄酒和某些蒸馏酒为主要原料配制而成,种类主要分为如味美思酒、必打士酒、茴香酒。在一般情况下,在用西餐之前,很多西方客人喜爱饮用一杯具有开胃功能的酒品,如法国和意大利生产的味美思酒(Vermouth),具体的品牌有仙山露(Cinzano)、马蒂尼(Martini)等。也有鸡尾酒作为餐前酒的,如血玛丽(Bloodmary)。

(二)佐餐酒

佐餐酒又叫餐酒。毫无疑问,它是在正式用餐期间饮用的酒水。西餐里的佐餐酒均为葡萄酒,而且大多数是干葡萄酒或半干葡萄酒。

在正餐或宴会上选择佐餐酒,有一条重要的讲究不可不知,即"白酒配白肉,红酒配红肉"。这里所说的白肉,即鱼肉、海鲜、鸡肉。吃它们时,须以白葡萄酒搭配。这里所说的红肉,即牛肉、羊肉、猪肉。吃这类肉时,则应配以红葡萄酒。鉴于西餐菜肴里的白肉多为鱼肉,故这一说法有时又被改头换面地表述为:"吃鱼喝白酒,吃肉喝红酒"。其实二者的本意完全相同,总的来说,就是口味清淡的菜式与香味淡雅、色泽较浅的酒品相配,深色的肉禽类菜肴与香味浓郁的酒品相配。不过,此处所说的白酒、红酒,都是葡萄酒。

因此与鱼类及海味菜肴等相配的酒品有干白葡萄酒、淡味玫瑰葡萄酒,如德国的莱茵(Rhin)白葡萄酒、法国的布多斯(Bordeaux)白葡萄酒、美国的加州葡萄酒(Califormia)、中国的王朝白葡萄酒。一般选用半干型的口味。

肉类、禽类及各式野味菜肴在酒品相配上有多种讲究:各式牛排或烤牛肉,最适合选用法国浓味干型布多斯红葡萄酒、法国保祖利新鲜红葡萄酒(Beaujolais)。羊肉类菜肴如羊扒、烤羊肉,适宜配淡味的布多斯红葡萄酒、美国加州红葡萄酒和玫瑰葡萄酒。猪肉类如火腿、烤肉,适宜配香槟酒、德国特级甜白葡萄酒。家禽类菜肴,宜选用玫瑰红葡萄酒、德国特级甜白葡萄酒、美国加州红葡萄酒。野味菜肴肉色浅、味道鲜美的,适合选用淡味的布多斯红葡萄酒、意大利红葡萄酒。

(三)餐后酒

餐后酒指的是在用餐之后,用来以助消化的酒水。

最常见的餐后酒是利口酒,它又叫香甜酒。最有名的餐后酒,则是有"洋酒之王"美称的白兰地酒。甜品一般配用甜葡萄酒或葡萄汽酒,如德国莱茵白葡萄酒、法国的香槟酒等。

二、酒水服务

(一)各种酒水的最佳饮用温度

温度对饮用葡萄酒是非常重要的,各种葡萄酒应在最适宜的温度下饮用才会使味道淋漓尽致地发挥出来。

白葡萄酒 10 ~ 12 ℃需冷却后饮用,特别清新怡神。

红葡萄酒 16 ~ 18 ℃室温饮用,一般提前一小时开瓶,让酒与空气接触一下,称"呼吸",味道更佳。

玫瑰红葡萄酒 12 ~ 14 ℃,稍微冷却一下饮用。

香槟和汽酒 4 ~ 8 ℃,并且在 2 小时内保持不动,才适宜开瓶。

(二)各种酒水的所用的酒杯

在一般情况下,饮用不同的酒水要用不同的专用酒杯。在每一位用餐者面前的桌面上右边餐刀的上方,大都会横排放置着三四只酒水杯。取用它时,可依次由外侧向内侧进行,亦可"紧跟"女主人的选择。在它们之中,香槟杯、红葡萄酒杯、白葡萄酒杯以及水杯,往往必不可少。

斟酒时白葡萄酒、香槟酒倒2/3 杯,红葡萄酒、玫瑰红葡萄酒只倒1/2 杯,留有一定的空间,让酒挥发出来的气味同空气充分调和,使人们可以先欣赏酒香,用嗅觉去分辨酒的品种和质量。

西餐常用酒杯如表4.1所示：

表4.1　西餐常用酒杯

高脚水杯（Water Glass）	红葡萄酒杯（Red Wine Glass）白葡萄酒杯（White Wine Glass）	白兰地酒杯（Brandy Snifter）
香槟酒杯（Champagne Glass）	雪利酒杯（Sherry Glass）	利口酒杯（Liqueur Glass）

酒杯摆放前要检查及擦拭光亮。若发现有裂痕、缺口的应及时挑出。擦拭酒杯时，先把杯子在开水的蒸汽里熏一下，然后用干净餐巾裹住杯子里外擦净擦亮。

（三）红白葡萄酒的服务程序

葡萄酒是西方人常用的佐餐饮料，一般都是先点菜，再根据菜的需要点酒。

①按照通常的惯例，在开瓶前应先让客人阅读酒标，确认该酒在种类、年份等方面与所点的是否一致，再看瓶盖封口处有无漏酒痕迹、酒标是否干净，然后开瓶。

②开瓶取出软木塞，让客人看看软木塞是否潮湿。若潮湿则证明该瓶酒采用了较为合理的保存方式，否则很可能会因保存不当而变质。客人还可以闻闻软木塞有无异味或进行试喝，以进一步确认酒的品质。在确定无误后，才可以正式倒酒。

③从客人右侧上红或白葡萄酒杯。

④红葡萄酒用银制酒架盛装，白葡萄酒则用冰桶冷藏，带上一条手布，拿到台边，将葡萄酒招牌出示给主人，请主人认可。

⑤请人斟酒时,客人将酒杯置于桌面即可,如果不想再续酒,只需用手轻摇杯沿或掩杯即可。需要注意的是,喝酒前应用餐巾抹去嘴角上油渍,以免有碍观瞻,且影响对酒香味的感觉。

(四)白葡萄酒服务方法

白葡萄酒和玫瑰红葡萄酒在供应前须冰冻,服务时将冰桶装 2/3 桶的冰和水;然后把酒瓶放进冰桶中冷却约 15 分钟 ,一般可达到和保持适宜温度。

①把冰桶连同冰桶架放在主人的右后方。

②从主人的左侧把酒瓶呈示给客人,以求认可。示瓶的目的:表示对主人的尊敬;核实选酒有无差错;证明酒的质量可靠。

③把酒瓶放回冰桶并开启瓶塞。

④斟酒前,用餐巾包住酒瓶防止水滴下,先在主人的酒杯中倒 1/5 量,请主人品尝认可。

⑤待主人确认后,按顺时针方向,先女士后男士,最后主人的顺序斟倒,白葡萄酒一般倒 2/3 杯。

⑥席间,要经常为客人加酒,只要酒瓶中还有酒,就不能让客人的酒杯空着。

(五)红葡萄酒服务方法

①在酒吧领出客人所点的酒后,从主人的右侧示瓶,求得认可。

②在餐桌或餐车上开瓶,让客人看到开酒的过程。

③将酒放置在餐桌上,稍微氧化,喝起来会更好喝。

④在上主菜前,先在主人的杯中倒入 1/5 量,请主人品尝认可,然后按顺时针方向,先女后男、先宾后主的顺序斟倒,红葡萄酒一般倒 1/2 杯。

⑤席间,要经常为客人添酒,注意不要把酒瓶全倒空,以防有沉淀物。

[拓展知识]

葡萄酒的侍酒服务是西餐服务中的重要组成部分。

由于酿造红葡萄酒的工艺需求,红葡萄酒在装瓶后至开瓶饮用前的储存阶段,瓶中的红葡萄酒会产生一定的沉淀物。为了避免酒中的沉淀物干扰饮酒的气氛和品酒的效应,红葡萄酒的侍酒应遵循以下程序:

1.滗酒。对陈年红葡萄酒进行滗酒是为了保证酒液的纯净。滗酒时在使用滗酒器或是大容量玻璃水瓶。先将瓶塞打开的酒瓶直立于台面,侍酒中杂物沉淀于瓶底后,再轻轻将酒瓶横向倾斜,对着光源一边注视酒液的净度,一边让酒液徐徐流入大玻璃瓶中,直至瓶中仅存混浊状酒液时为止。

2. 所有红葡萄酒无论酿造的年代长短,在饮用前都应该提前打开瓶塞,让红葡萄酒"呼吸"一些新鲜空气,只有这样品尝红葡萄酒时才能真正体会到葡萄和酒特有的香气。

3. 对那些非陈酿红葡萄酒,如果酒中沉淀物不多时,也可省略滗酒程序,但侍酒时必须坚持使用酒篮,让酒瓶在酒篮中保持 30°～40° 的倾斜角,斟酒动作要轻缓,尽量减少对瓶中酒液的震动。

4. 在豪华的西餐厅中,侍酒的服务员在客人面前,用挂在胸前的特制品酒杯,首先品尝瓶中倒出的第一份酒,确认酒的品质优良方可为点酒的客人斟倒 3/4 盎司酒,请客人确认是否是他所欣赏的酒品,得到客人的允许后,侍酒服务员方可按先女宾后男宾的顺序斟酒,红葡萄酒的斟酒量一般以最多不超过杯子的 1/2 为宜。

【实践园】

请使用开瓶器开启一瓶葡萄酒。

任务八　席间服务

席间服务是客人就餐服务中的重要环节,也是体现服务员服务技能和水平高低的重要部分,其内容广泛,要求服务员掌握的技能非常多,比如根据客人所点的菜式品种进行摆台、酒水的斟倒服务、上菜服务以及撤换餐具等,都有一定的讲究。

【前置作业】

请根据客人所点的菜式为其摆台

活动:以小组为单位进行摆台知识的学习,请同学们根据菜单为客人进行餐具的摆放。

要求:在课堂上根据老师所提供的菜单进行相应的摆台操作。

活动准备:西餐摆台所用的餐具,并提供 4～8 份客人所点的菜式品种。

【相关知识】

一、西餐席间服务的顺序

①宾客入席时,按先女后男,先宾后主的顺序,主动为宾客拉椅让座,入座后替宾客铺餐巾。

②按宴会要求和操作规范,斟倒白葡萄酒和红葡萄酒,注意各种酒与菜肴的搭配和服务要求。需要香槟酒服务的,应在上甜点前全部斟好,以方便宾客举杯祝酒。

③西餐上菜顺序是:开胃菜、汤、鱼类海鲜、主菜、甜点、水果、咖啡或茶。每上一道菜前,先将前一道菜的餐具撤走,撤盘时,应等所有宾客吃完后才一齐撤掉。

④上甜点水果前,应撤掉除酒杯以外的餐具,并清洁台面。

⑤上咖啡或茶前,放好糖盅、淡奶壶,在宾客的右侧服务咖啡或茶。

二、主要的西餐席间服务

(一)上菜服务

①从客人的右侧上菜、从客人的左侧上胡椒粉、沙律汁、面包、牛油、果酱等。

②上菜顺序是:先头盘,第二道上汤,第三道上沙律,第四道上主菜。上菜时,要报菜名,按先女后男进行。

③勤巡视,勤添酒、添水。酒杯里的酒和水不能少于 1/3 左右,征询客人需要,勤添面包。

④收撤空饮品杯,如酒瓶已空,要出示给客人,并主动多推销一支葡萄酒。

⑤当客人将食物吃了 1/3 左右,领班要主动上前征询食物及服务质量。

(二)餐后服务

①客人用餐完毕,从客人右侧撤餐具。待客人吃完主菜后,撤走不需要的餐具(除水杯外),并用甜品碟、手布,在客人的左边或右边清扫台面。

②从客人右侧上甜食餐牌,并推销时令水果、雪糕、芝士、各式蛋糕、特色咖啡等。

③上配套的甜品餐具,从客人右侧上甜品并报出名称。

④用完甜品后,从客人右侧上咖啡或茶,并跟上糖、奶。

⑤酒管事推酒车餐台前,推销餐后饮品。

⑥若客人点了雪茄,则要为客人点着雪茄烟,用烟灰缸盛着从客人右侧送上。

(三)西餐餐具撤换方法

西餐每吃完一道菜就须撤下脏餐具。撤盘前,注意宾客的刀叉摆法,如果看到宾客将刀叉合并摆在盘上,随即可以撤盘;若宾客将刀叉呈八字搁在餐盘两边,说明还继续食用,不可贸然撤去。

撤盘时,左手托盘,右手收盘,第一只盘放在托盘的外面一点,以便将剩菜、残渣倒在第一只盘内,刀叉集中放在托盘的一头,留出近身的地方摆放其余的盘。

(四)撤换烟灰缸

餐厅无烟区内不设烟灰缸,在吸烟区内每张餐桌都备有烟灰缸,服务员要经常巡视服务区域,勤换烟灰缸。

撤换烟灰缸时,用托盘托上干净的烟灰缸,用右手将干净烟灰缸覆盖在脏烟灰缸上,将两只烟灰缸一起放进托盘里,然后再把干净的烟灰缸放回餐桌上。

【实践园】

请以小组为单位,进行西餐正餐的席间服务模拟练习。

任务九　上菜分菜服务

上菜和分菜是客人就餐服务中的重要环节,特别是宴会服务,其上菜程序、上菜位置、摆菜规格、快慢节奏等,都有规定。

【前置作业】

模拟西餐上菜服务方式

活动:以小组为单位进行西餐上菜服务方式的学习,请同学们分别模拟法式、俄式和美式的上菜服务方式。

要求:在课堂上以小组为单位进行模拟演示,并进行解说。

活动准备:西餐摆台所用的餐具,并提供餐车等用具。

【相关知识】

一、西餐的上菜服务方式

西餐上菜方法主要取决于采用何种服务方式,常用的服务方式有法式、俄式、美式三种。

(一)法式上菜服务

法式服务因需使用客前烹制车(gueridon)而又被称为"车式服务"(gueridon service)。法式服务需要两名服务员同时服务,一名服务员,一名助手。服务员在接受点菜后将点菜单交给助手送至账台和厨房,然后将一辆小推车(客前烹制车)推至客人餐桌旁,准备好制作菜肴的相应设备和材料。助手从厨房将菜肴(有的已制作好,有的仅是半成品)和热餐盘端至小推车上,由服务员为客人现场完成菜肴的最后制作或切制菜肴,然后放入热餐盘中,由助手依次从客人右侧递给每位客人。这种服务方式因其豪华舒适和较强的炫耀性而闻名,但是对服务员的要求较高,且需要较多员工和服务速度缓慢,故只在四、五星级饭店的高级西餐厅中才提供此种服务。

上菜时,所有的菜肴食品用右手从宾客的右侧送上,右侧撤下,而牛油、面包、调味汁和配料应在宾客的左侧送上。但鲜胡椒必须从右侧服务,服务时,左手握胡椒磨,右手转动磨的顶部,同时询问客人胡椒的用量,最后轻敲胡椒磨的顶部,防止胡椒散落到盘外。

(二)俄式上菜服务

俄式服务也称银盘服务,厨师将准备好的菜肴整齐地盛放在银质大浅盘中,由服务员为客人逐一分送菜肴。

上菜前,服务员将盛装菜肴的银盘和热的空餐盘端至餐厅,首先用左手托银盘,站在主人右侧,将右手放低,向全桌客人展示菜肴整体,同时要报出菜肴名称,然后放回服务台。

分菜前,将热的餐盘从客人右侧送上,然后左手托银盘,右手持服务叉匙,站在每位客人的左侧分派菜肴。分派时,注意保证每位客人的菜量基本相同,或根据客人的需要分派,剩余的菜肴送回厨房。

(三)美式上菜服务

美式服务也称盘子服务,菜肴食品在厨房内就已加工好,并已装盘,服务员只需准确、快捷地将菜肴送到餐厅,从客人的右侧将菜送上。

由于美式服务由厨师控制食品质量、菜量和装盘,服务较简单,因此在我国很多的咖啡厅和一般的西餐厅都采用美式服务。

(四)英式服务

英式服务因与欧美家庭用餐方式类似,故又称"家庭式服务"(family style service)。菜肴在厨房制作好并装入大餐盘端至餐厅,放在主人面前,如是大块烤肉,则应由服务员按人数切割好。先将热餐盘从右侧为每位客人放好,再端起菜盘(上放服务叉、匙)按先女后男、先宾后主的原则依次由客人从菜盆中用服务叉、匙自取食物。蔬菜和调料放在餐桌上由客人传递自取。

目前,在西餐菜肴的服务上,有时采用单一的某种方式,有时又采取二种或三种服务方式相结合的方法。但无论采用哪种方式,都应注意餐盘摆放时,盘边与桌边的距离是1.5~2厘米;菜肴在盘中的位置摆放得体,有利于增加宾客的食欲,也方便就餐。

二、西餐的上菜顺序

(一)早餐

西餐早餐内容包括:果汁或水果、鲜牛奶、酸奶;谷类食物;蛋类、肉类(烟肉、火腿、各种香肠);面包类;甜品;咖啡或茶。

(二)正餐

正餐的上菜顺序是:开胃头盘、汤、沙律、主菜、甜品、咖啡或茶。

一般来说,西餐菜肴的顺序应该是先冷后热,最后是冷;从鲜美到甜味;从口味清淡到浓重,再到清淡;从生的到熟的。

(三)为客人上菜的顺序

严格地说,西餐宴会一定要遵循先女后男的服务原则,特别是西方国家的宾客。若主人为女士,要根据女主人的示意来决定,但如果女主人没做任何示意,则应按先女主宾,然后女主人,最后男士宾客的上菜原则。

比较多的西餐厅只遵循先宾后主的原则,即给第一主宾和第二主宾上菜后,然后就按顺时针方向依次服务,最后给主人上菜。

任务十 雪茄服务

雪茄服务是西餐厅提供的一项餐后服务,一般是在客人吃完正餐之后应客人的要求所提供的。本节将介绍关于雪茄的一些基础知识。

【前置作业】

收集雪茄

活动:请学生课前以小组为单位收集一支雪茄,并进行相关知识的收集和学习。

要求:在课堂上展示小组所收集到的雪茄,并进行介绍。

【相关知识】

一、关于雪茄

雪茄就是用经过风干、发酵、老化后的原块烟叶卷制出来的纯天然烟草制品。

（一）雪茄的历史

位于现今墨西哥尤卡坦（Yucatan）半岛上的美洲原住民，可能是最早种植烟草的民族。之后南美洲，北美洲才开始烟草的种植。最早种植烟草或抽烟草的民族已无从追溯，但可以肯定的是，欧洲人一直要到1492年哥伦布航海之旅发现新大陆后，才知道有烟草的存在。

当时哥伦布的两名水手发现古巴的印地安人利用棕榈叶或车前草叶，将干燥扭曲的烟草叶卷起来抽，这即是原始的雪茄。

抽烟的习惯于是快速传播到西班牙与葡萄牙本土，不久后又传到法国、意大利，16世纪中期，欧洲人对烟草已相当熟悉。

（二）雪茄名称的由来

雪茄的原文并不是英文，而是来自玛雅文"sikar"，即抽烟的意思。cigar不是名词，而是一个动词，即抽烟的意思。

1492年哥伦布发现美洲新大陆的时候，当地的土著首领手执长烟管和哥伦布指手画脚，浓郁的雪茄烟味四溢，哥伦布闻香惊叹，便通过翻译问道："那个冒烟的东西是什么？"但是翻译却误译为："你们在做什么？"对方回答："sikar"。因而这一词就成了雪茄的名字，后逐渐才演变为"cigar"。雪茄由美洲大陆进入到欧洲后，玛雅文的称谓被拉丁语称为cigarro，是与现代英文拼法最接近的语言。

（三）"雪茄"中文命名的由来

1924年的秋天，刚从德国柏林回来和第一任妻子张幼仪办妥离婚手续的徐志摩回到上海。周末，在一家私人会所里邀请了当年诺贝尔文学奖得主泰戈尔先生。泰戈尔是忠实的雪茄客，在两人吞云吐雾之时，泰戈尔问徐志摩："Do you have a name for cigar in chinese?"徐志摩回答："cigar之燃灰白如雪，cigar之烟草卷如茄，就叫雪茄吧！"他的中文诠释结合了原名的形与意，造就了更高的境界。

（四）雪茄的构造

一支雪茄由三部分组成最里面是茄心，即填料叶（tripa），然后是茄套，即捆绑叶（capote），用来保护填料叶，最外面是茄衣，即包扎叶（capa）。

美洲是雪茄的发源地,也是当今世界上许多知名雪茄品牌的产地。世界上公认的最纯正的雪茄烟叶就产自古巴哈瓦那。古巴的独特气候和土壤质量以及古巴人多年来选拔优秀烟种的传统,奠定了烟草的品质。现在古巴的 PinarDelRio、Abajo 等地产的烟叶也非常出名。此外,洪都拉斯、多米尼加和巴西也出产上等的雪茄烟叶。除了美洲,荷兰、苏门答腊的烟叶也极为有名。

手卷雪茄:整支雪茄包括茄心、茄套、茄衣完全经由人手卷制。

半机卷雪茄:由机器用捆绑叶卷实填料叶制造烟芯,然后用人手卷上包扎叶制成。

机卷雪茄:整支雪茄由内到外全部由机器制造。

(五)品尝雪茄

众所周知,抽香烟是将烟雾吸入肺部,然后吐出,而抽食雪茄与抽香烟截然不同。正确的抽食方法是每吸一口雪茄的同时口含雪茄烟雾,在充分享受雪茄特有的醇香后轻轻吐出烟雾。须注意的是,雪茄的烟灰有助于冷却雪茄,因而,不要轻易弹走烟灰。最后,当你品尝完一支醇香的雪茄后,不要像熄灭香烟的方法将之掐灭,你只需将雪茄放在烟灰缸边,数秒后,它就会自动熄灭。

(六)挑选雪茄

一般而言,挑选雪茄前先得检视茄衣,看看它是否原封未动,散发健康的光泽,是否过于干枯易碎,导致雪茄口感趋于粗糙辛劣,是否散发浓郁的香气。如果没有的话,可能表示储藏失当。优质雪茄既不能太硬也不能太软。如果茄衣的叶脉过于纵横突出的话,表示烟厂的品管有问题,千万别购买。

依照经验:越深色的雪茄越浓郁,口感可能也甜些,因为深色茄衣含的糖分较高。经妥善保存的雪茄,在香柏木盒中也会继续成熟发酵,在成熟的过程中,雪茄的酸度会越来越小,浓郁的雪茄,尤其是那些粗胖型雪茄成熟得越好。

但温和型的雪茄,特别是采用浅色茄衣的,一旦储放过久便会失去香味。所以一般先抽淡色的雪茄,再享受深色的雪茄。成熟良好的茄衣刚开始时显得油腻,成熟后会变得更加滑润,色泽也更深。

我们建议刚品尝抽雪茄的人,先选择如 Minuto 或 Carolina 之类的小型雪茄,之后再改抽口感温和、较粗大的雪茄,如哈瓦那出口的 H. Upmann。大多数人在早晨或中午用过简餐后,较偏好口感温和的迷你型雪茄。

二、雪茄的服务程序

(一)剪雪茄头

雪茄的头部大多以胶水把烟蒂黏合而成,一定要先剪掉才可开始吸。剪雪茄的工具主要分三类,剪刀形状的雪茄剪、方便携带的 DOUBLE CUTTER 及打孔器(PUNCHER)。

请使用雪茄专用剪刀或双头剪刀来剪切雪茄头(由顶端以下约 2 毫米处切下)。雪茄头的作用是固定整个外包叶,所以尽量不要使切口超于雪茄头,以免外包叶部分松脱。

由于客人的喜好不同,而不一样的切口会有不同的效果,故应在服务前征询客人意见应怎样服务,譬如有的客人喜欢较小的切口,或插入一截牙签,抹一点威士忌在雪茄上,等等。

(二)点雪茄

由于点雪茄需要较长的时间,所以点雪茄的专用火柴大多较长。雪茄点得不好,便会燃烧得不均匀,直接影响雪茄的味道。因为雪茄具有吸收气味的特性,所以千万不可选择以白电油或其他有味气/液体作为燃料的打火机,或一般含有硫黄的火柴来点雪茄。否则雪茄便会被这些外来气味入侵而浪费掉。

请使用火柴(最好是杉木),或是瓦斯打火机(不要用汽油的)。先将未密封的一端置于火焰上头,慢慢接近火源使其熏黑,并微微地用手指转动雪茄,使其均匀燃烧后即可给予客人享用。

(三)重点雪茄

当雪茄熄灭后如果客人要求重点,只要轻轻拍掉多余的烟灰,再将头部置于火焰中转动,从外围至中央,直到雪茄重新燃起来。

(四)推介饮品

地道的古巴饮料如 Cuba Libre 、Whisky 加冰白兰地、红酒等,都是雪茄的良伴。

任务十一　客前分割与烹制服务

客前烹制是一种能渲染气氛、体现水准、促进销售的服务方式。无论在中餐服务还是西餐服务中,许多菜肴、甜品和饮料都可以在餐厅切割、烧制、燃焰,以达到烘托气氛和吸引消费的效果。

[前置作业]
关于客前烹制你知道多少?

活动:请学生课前以小组为单位进行客前烹制知识的收集和学习。

要求:在课堂上以小组为单位进行交流和讨论。

【相关知识】

一、关于客前烹制

所谓客前烹制,其实是在就餐客人面前进行的一种烹饪表演,是一种能够增加就餐气氛,提高餐厅档次的服务方式,也是把餐饮管理者与顾客之间沟通的距离快速拉近的一种交际方式。成功的客前烹制,会成为客人本次就餐时的谈资和关注焦点,会使客人对餐厅的档次刮目相看,会成为客人再一次回头的重要因素,因此,进行客前烹制,必须做到准备充分、精益求精。

进行客前烹制,对餐厅来讲有很高的要求,如需要购置进行客前烹饪的设施设备,需要有受过良好训练的操作者,需要有合适的就餐环境和就餐对象,等等。具体来讲可分为以下几个方面。

(一)确定客前烹制菜肴的种类

无论是中餐还是西餐,有许多菜肴都可以用来进行客前烹制,但对于中高档次的西餐厅来讲,主要还是用于正餐中的大菜。

进行客前烹制,一定要保证菜肴色、香、味等各方面的质量,顾客来餐厅用餐,主要是来享受美味佳肴,而不会是为了专门欣赏烹饪表演,如果只注重渲染气氛而不能保证菜品质量,其结果只能是导致客人的不满和反感。

(二)客前烹制对操作者的要求

客前烹制效果的好坏,与烹制操作者表演水平的高低有着直接的关系,杰出的餐厅烹饪表演需要有技术熟练和充满自信的操作人员,一般由厨师长进行操作,但如果由餐饮部经理、餐厅经理或主管来操作,效果会更好,因为这样可以拉近餐饮管理者与顾客之间的距离,便于双方沟通。

(三)客前烹制对操作技能的要求

餐饮管理者或领班也许不具有专业厨师的水准,但不管他(她)烹饪什么菜肴都要达到专业的标准,尤其重要的是他(她)的运作、行为要符合客人心目中的专业标准,如其敏捷的动作和有目的性的行为,要给人以自信的感觉,其所烹制出来的菜肴在色、香、味、型、器上要给人以赏心悦目的感觉等,他(她)不能不知所措、心不在焉机械地搅弄食品,也不能笨拙地摆弄各种用具和烹饪器皿,那样会使客前烹制的效果大打折扣。因此客前烹制的操作者必须经过专门培训才可以上岗,并且随着客前烹制菜肴的不断创新,这种培训也是持续不断的。

进行客前烹制时服务工作也要与一般的服务有所区别,对于客前操作的菜看,一定要给客人做详细的介绍,并且操作人员和服务人员要注意运用自己的服务技巧调节现场的气氛,使整个就餐过程因为进行了客前操作而使人感到热烈和愉悦。

(四)客前烹制对设备的要求

客前烹制使用的设施设备要质地优良、造型美观、功能齐全,要给人以高档华贵的感觉。如果烹调车陈旧简陋,功能不全,进行操作时设施不能配套,使用工具跟不上,那样会影响客人欣赏客前操作的兴趣,从而破坏客前烹制的整体效果。

作为餐厅的经营者,是否进行客前烹制,何时进行客前烹制,如何使客前烹制的效果达到极致,要根据本餐厅的实际情况而定,既要大胆地开发新品种,不断增加客前烹制的项目,又不能为操作而操作,本末倒置,只顾渲染气氛,而不注重宴会的总体效果。

二、关于客前烹制和分割所使用的用具介绍

餐厅服务车

1.活动服务车
活动服务车主要用于餐厅客前切割,菜肴分派,运送菜肴和餐具等,广泛应用于中西餐厅,如图4.20。

2.切割车
切割车又称为"肉车",应用于自助餐服务,切割整体和大块肉制品,切板下有加热小箱,用酒精炉或交流电加热,如图4.21。

图4.20

图4.21

3.开胃车
开胃车用于陈列各种冷的开胃菜,每层可放置少许冰块保鲜,主要用于西餐厅和自助餐厅的服务。

4.奶酪车

奶酪车用于陈列各式奶酪,有切割工具和各类餐具,用于高档西餐厅。

5.蛋糕制品车

蛋糕制品车用于陈列各种蛋糕制品,保证新鲜,常用于西餐厅和厨房。

6.咖啡和茶水车

咖啡和茶水车通常用于咖啡厅,主要供应早餐和下午茶使用,车内备有供应咖啡和各种名茶的用具,加热炉具。

7.酒车

酒车用来陈列和销售开胃酒,各种烈性酒和餐后甜酒,各种相应的酒杯和冰块等。相当于餐厅里的流动酒吧,如图4.22。

8.燃焰车

燃焰车又称客前烹制车,常用液化气做燃料,炉火内藏,表面为一平面,用平底锅烧制和燃焰时平稳。

9.送餐车

送餐车是客房送餐服务员运送热菜所用的手推车,支开桌面,又是客人在房间内用的餐桌桌下可配备保温菜肴的保温箱,如图4.23。

图4.22 流动酒吧   图4.23 保温箱

【实践园】

请用刀和叉尝试在家中为家人表演鱼的客前分割服务程序。

任务十二 结账、送客服务

活动:请学生课前以小组为单位模拟为外宾进行结账及送客服务。
要求:在课堂上以小组为单位进行交流和讨论。

【相关知识】

一、打印账单

只有在客人要求结账时,服务员方可结账,服务员应迅速将让收款员计算汇总,打印出账单。多位客人一起就餐时,应问清统一打印账单还是分开打印账单。凡住店客人要求签房账时,服务员应请客人在账单上签上姓名和房号,并由收银员通过电脑查询核实后方能认可。打印账单要迅速准确,认真核实账单无误后,将账单夹在结账夹内交给客人。

二、收款找零

值台员要把账单夹在钱夹里,在宾客右侧打开钱夹,告诉宾客需要付的金额。宾客付款时,值台员要向宾客道谢,并在宾客面前点清款项后交收款员,最后将余额当面点清楚连同回单交还宾客,并礼貌地向宾客道歉。

如果宾客有多余的或未吃完的菜或点心,并要求带走时,服务员要主动为其提供食品袋或食品盒,并为其打包,以便客人带走。

三、送客离开

客人离开时应为其拉开座椅,递上衣帽,对客人的光顾表示感谢,并欢迎再次光临,检查是否有客人遗落的物品。如有发现应及时送还,如客人已离开,则应交送餐厅主管或者餐饮部办公室。

四、清理台面

客人离去后及时检查是否有尚未熄灭的烟蒂,按先口布、毛巾,后酒杯、餐盘、刀叉的顺序收拾餐具及有关物品,按铺台要求重新铺台,准备迎接新的客人。

【拓展知识】

关于酒店结账的英文表达：

1. I'd like to pay my bill now.

我想现在结账。

2. Your name and room number, please?

请问您的姓名和房间号码？

3. Have you used any hotel services this morning?

请问您今天早晨是否用过旅馆内的服务设施？

4. Four nights at 90 US dollors each, and here are the meals that you had at the hotel. That makes a total of 665 US dollars.

4 个晚上，每晚 90 美元，加上膳食费，总共是 660 美元。

5. Can I pay by credit card?

我可以用信用卡支付吗？

6. Please sign your name here.

请您在这里签名。

7. Excuse me. We're leaving today. I'd like to pay our bills now.

劳驾。我们今天要离去了。我希望现在就把账结清。

8. By the way, I'd like to tell you that the check-out time is 12:00 noon, sir.

先生，顺便告诉您，结账后离开旅馆时间是 12 点。

9. How about the charge for the days you shared the room with your friend?

这几天您的朋友与您同住费用怎么办呢？

10. Please add to my account.

请记在我的账里。

11. Have you used any hotel services this morning or had breakfast at the hotel dining room, Mr. Green?

格林先生，今天早晨您是否用过旅馆服务设施，或在旅馆餐厅用过早餐？

12. Yes, my friend and I just had breakfast at the dining room, but we didn't use any services.

是的，我朋友与我在餐厅刚用过早餐，但是我们没有使用过任何服务设施。

13. The total for the eight days is five hundred sixty yuan and eighty fen.

8 天来总计是 560 元 8 角。

情境对话一：

A：Good morning, sir. Can I help you?

B：I'd like to pay my bill now.

A：Your name and room number, please?

B：George Wright, Room 706.

A：Yes, Mr. Wright. Have you used any hotel service this morning?

B：No, I haven't used any services.

A：Fine. This is your bill, Mr. Wright. Four nights at 90 US dollars each, and here are the meals that you had at the hotel. That makes a total of 665 US dollars.

B：Can I pay by credit card?

A：Certainly. May I have your card, please?

B：Here you are.

A：Please sign your name here.

B：Oh, yes. Is it possible to leave my luggage here until I'm ready to leave this afternoon? I'd like to say good-bye to some of my friends.

A：Yes, we'll keep it for you. How many pieces of your luggage?

B：Just three. I'll be back by 3:00.

A：That's fine. Have a nice day.

B：Thank you. See you later.

情境对话二：(A：Receptionist B：Guest)

B：I would like to know the approximate figure of my account so that I can have my money exchanged at the bank.

A：Up to the present, the total amount has been 880 yuan approximately.

B：Excuse me. We're leaving today. I'd like to pay our bill now.

A：By the way, I'd like to tell you (that) the check-out time is 12:00 noon. May I know your name and room number, please?

B：My name is Henry Green. Room 1123.

A：Yes, Mr. Green. How about the charge for the days you shared the room with your friend.

B：Please add to my account.

A：Then we'll make out a bill for both of you.

B：OK.

A：Have you used any hotel services this morning or had breakfast at the hotel dining room, Mr. Green?

B：Yes, my friend and I just had breakfast at the dining room, but we didn't use any services.

A：Fine. I'll need to find out what the charge is on the breakfast. The total for the eight days is eight hundred sixty yuan and eighty fen.

B：Oh, I didn't change enough money just now. Can I pay in American dollars?

A：No, sir. You can pay in Foreign Exchange Certificate only. But you can get your money changed at the Foreign Exchange Counter of our hotel over there.

B：Thank you. Here you are.

A：Thank you. Mr. Green. Here's your receipt.

【实践园】

请与你的同学用英文模拟结账的服务程序。

任务十三　自助餐服务

自助餐是一种顾客自我服务的就餐形式,有中式自助餐、西式自助餐和中西结合式自助餐。自助餐日趋流行的原因之一是,食品台上的菜肴丰富,装饰精美,价格实惠,可品尝品种繁多,又是各具特色的佳肴。原因之二是,就餐速度快,餐位周转率高,宾客进入餐厅后无须等候,适合现代化社会快节奏的工作方式和生活方式。服务员只需提供简单的服务,餐厅节省了人力成本。因此,在酒店的咖啡厅或其他餐厅里,早餐、下午茶甚至午、晚餐都有自助餐的用餐形式。

〔前置作业〕

请为自助餐设计台型摆放以及菜式品种

活动:请学生课前以小组为单位进行自助餐知识的收集和学习,并针对特定的主题展开设计。

要求:在课堂上以小组为单位进行解说和展示。

【相关知识】

一、关于自助餐

(一)自助餐的特点

①餐厅可以预先烹制、摆放好食品、饮料等。

②宾客直接到自助餐台拿取自己喜爱的菜肴,自由随意。

③不受时间限制,宾客可随到随吃,既方便又节省时间。

④自助餐的价格按人数而定,较经济实惠。

(二)自助餐食品台布置

食品陈列台,可安排在餐厅的中间或靠墙的一边,形式多样,布置时主要注意以下几方面。

图4.24

①富有吸引力。自助餐台要布置在显眼的地方,根据不同的季节、不同的时期,经常变换主题,给客人以艺术美感。

②便于客人取菜。自助餐台的大小要考虑客人人数及菜肴品种的多少,位置要考虑客人取菜时的人流走向。食品的拼砌既要讲究艺术性,又要方便客人取菜,避免客人排队取食品。

③台裙遮盖台脚。自助餐台铺好台布后再围上台裙,台裙要下垂至离地面约5厘米,既遮盖着台脚,又不能让人踩着。

④经常变换台型。自助餐台要经常变换它的台型,如T形、S形、C形、椭圆形等。根据场地拼接出各种新颖别致、美观流畅的台型。(详见图4.24)

（三）自助餐台面布置

①客人盛菜用的餐碟放于食品台最前端,要叠放整齐,不可堆得太高。

②食品台按沙律、开胃品、汤、熏鱼、热菜、主菜、甜品、水果的顺序摆放。

③某些特色菜可分台摆放,如甜品台、水果台,或切割烧烤肉类的服务台等。

④凡热菜必须用保温锅保温。每盘菜肴前都有摆放一副取菜用的公用叉匙和中英文菜牌。

⑤摆放菜肴时应注意色彩搭配,各种菜跟配的调味品、沙司等要与该菜放在一起,做到美观整齐。

⑥成本较低的菜靠前放,客人先取食便宜的菜肴,会减少昂贵菜肴的消耗量。重点推销的菜肴放在前面,会得到较好的促销效果。

⑦自助餐台中间可用冰雕、果蔬雕、鲜花、水果等装饰点缀,增加餐厅的气氛。

（四）自助餐餐台摆位

自助餐厅餐台一般不铺台布,餐桌可用圆桌或方桌。桌面摆设按自助早餐或自助午、晚餐要求摆放。

二、自助餐服务程序

（一）餐前准备

①开餐前做好餐位摆位、食品陈列等一切准备工作,为热盆的酒精炉点上火,使其保温。

②开餐时间到时,服务员与厨师都要衣着整洁地站好,迎接客人光临。

（二）值台服务

①客到时,热情迎客,询问客人是否选择吃自助餐,并把客人引领到自助餐区,并为客人拉椅让座,打开餐巾。

②值台员为客人斟冷开水或征询客人需要什么饮料,并为客人提供。

③向客人推荐食品台上的菜肴。

④客人用餐过程中,要勤巡视,随时撤走客人用过的餐碟。客人离座取食物时,要帮助客人把餐巾叠整齐放在桌面上。

（三）菜台服务

①客人取一轮食物后,要增补食品或整理好菜盘里零乱的食品,保持食品的外形美观。

②要食扒类的客人,由客人自择部位和分量,当着客人的面切好肉并摆放到客人的碟里,询问需添加什么调味汁,帮助客人加好调味汁。

③客人来食品台取食物时帮助客人取餐碟。要随时补充干净的餐碟,保持餐碟数量适中。

(四)结账服务

客人用餐完毕要求结账时,要尽快为客人结账。要求与散餐服务一样。

(五)结束工作

营业结束后,收拾好食品台、酒吧及餐桌,搞好清洁卫生,保持餐厅的整洁美观。下班时要关闭电源,关好门窗。

任务十四　酒会服务

酒会是一种经济简便又轻松活泼的招待形式。它起源于欧美,一直被沿用至今,并在人们社交活动方式中占有重要地位,常为社会团体或个人举行纪念和庆祝生日,或联络和增进感情而用。

具体而言,酒会是便宴的一种形式,会上不设正餐,只是略备酒水、点心、菜肴等,而且多以冷味为主。

【前置作业】

设计一场酒会

活动:以小组为单位进行酒会知识的收集和学习,并为本月过生日的同学设计一场酒会。

要求:准备在课堂上以小组为单位进行解说和展示。

【相关知识】

一、酒会的特点及其分类

(一)酒会的特点

酒会深受欢迎,得以不断延续和推广,主要是由于自身有易被他人接受的诸多特点。

1. 不必准时

尽管鸡尾酒会和正餐后酒会在请帖上会约定固定的时间,但实际上,何时到场一般可由宾客自己掌握,不一定非要准时到场。

2. 不限衣着

参加酒会,不必像正式宴请那样穿着正式,只要做到端庄大方、干净整洁即可。

3. 自选菜肴

酒会上就餐采用自选方式,宾客可根据自己口味偏好去餐台和酒吧选择自己需要的点心、菜肴和酒水。

4. 不排席次

酒会上,用餐者一般均须站立,没有固定的席位和座次,主人最好设置一些座位,以供年长者及疲惫者稍作休息之用。

5. 自由交际

由于不设座位,酒会具有较强的流动性,宾客之间可自由组合,随意交谈。

(二)酒会的类型

酒会按举行时间的不同可分为两种类别:正餐之前的酒会和正餐之后的酒会。一般习惯于将正餐之前的酒会称为鸡尾酒会、冷餐酒会,而对于正餐之后的酒会,在请帖中则常以聚会或家庭招待会代替。

1. 鸡尾酒会

鸡尾酒会是始于下午6时或6时半,持续约2小时的酒会。一般不备正餐,只备有酒水和点心。这类酒会有明确的时间限制,一般应在请帖中写明。鸡尾酒会是西式招待会的一种形式,常用于开业典礼、新闻发布会及庆祝、纪念等活动。

鸡尾酒会上的酒品分为两类,即含酒精的饮料和不含酒精的饮料。

①含酒精的饮料。一般说来,鸡尾酒会提供的酒精饮料可以是雪利酒、香槟酒、红葡萄酒和白葡萄酒,也可提供一种混合葡萄酒,以及各种烈性酒和开胃酒。而所谓鸡尾酒,主要由酒底(一般以蒸馏酒为主)和辅助材料(鸡蛋、冰块、糖)等两种或两种以上材料调制而成。鸡尾酒具有口味独特,色泽鲜明的特点,能够增进食欲,提神解暑。鸡尾酒调配的方式以及调配的效果如何,一要看客人的口味偏好,二则依赖主人及调酒师的手艺。

鸡尾酒的饮用方法因时令而有所不同。冬天,马蒂尼与掺入水和苏打的威士忌备受人们欢迎,而在夏天,饮用掺入汽水、伏特加和杜松子酒的大杯酒则是时尚之一。

②不含酒精的饮料。鸡尾酒会上还应准备至少一种不含酒精的饮料,如番茄

汁、果汁、可乐、矿泉水、姜汁、牛奶等。这些不含酒精的饮料一般可以起替代含酒精饮料和调制酒品两个作用。

鸡尾酒会以酒水为主,食品从简,只有一些点心和开胃菜等,这些食品一般制作精美,味道上乘。常见的食品有蛋糕、三明治和橄榄、洋蓟心、烤制小香肠,串成串儿后再烤的小红肠、面包以及烤小青蛙腿等。

如果自己是酒会的主人,则应注意点心或开胃品一定要适合于用手拿着吃,避免给宾客用餐造成不便。

2. 冷餐酒会

冷餐酒会是当今较流行的宴会形式,适用于会议用餐、团队用餐和各种大型活动。冷餐酒会服务的设计近似于自助餐服务,但一般要比自助餐的规模大,布置要华丽,场面要壮观,气氛要热烈,环境要高雅,给人以舒适高雅的感觉。

一般有设座和立式两种就餐形式。冷餐会进行的时间较长,一般90分钟左右。

鸡尾酒会与冷餐酒会相同的地方:

①都是立餐形式。

②都是交际性质的酒会,客人交谈方便,不受某些礼节拘束,气氛活跃。

③可以自由地选择自己所喜欢的食物和酒水。

④可省去伤脑筋的排座次问题。宾主之间能进行广泛的接触交谈。

⑤酒的开支可多可少,由规格决定,但一般比坐式宴会要省。

⑥占地面积、服务人员的配备都差不多。

鸡尾酒会与冷餐酒会不相同的地方:

①冷餐酒会的菜点比鸡尾酒会多,不仅有冷菜、冷点,还有热菜、热点;不仅有中菜、中点,还有西菜、西点及风味菜式。而鸡尾酒会只提供简单的小吃、点心和少量的热菜。

②鸡尾酒会通常提供鸡尾酒、混合饮料及各种果汁、汽水类,一般不用或少用烈性酒。而冷餐酒会除了提供标准内的鸡尾酒外,还有其他各种酒类。

③冷餐酒会需在自助餐台周围摆放足够的刀、叉、匙、餐盘等餐具,以便客人拿取食物。

3. 餐后酒会

正餐之后的酒会通常在晚上9时左右开始,一般不严格限定时间的长短,客人可以根据自身情况确定告辞时间。

正餐之后的酒会一般规模较大,常常播放音乐,并准备了场地供来宾跳舞,但这要在请帖中说明。因为宾客是在用完正餐之后参加酒会,所以餐后酒会通常可以不供应食品。但若为大型或正式的酒会,则可能会安排夜餐。

二、酒会的服务程序

(一)餐前准备

①按要求准备好食品台、吧台、点心台及服务台和收餐台。

②在酒会开餐前 20 ~ 30 分钟将各类食品上台摆放好,热菜盆点上酒精炉保温。

③准备工作做好后,服务员应站在各自的服务位置上,准备迎接宾客。

(二)服务程序

①客人抵达餐厅,迎送员要热情问候,递上香巾并随即收回。

②酒水服务员迅速给客人送上饮品。

③客人取食品时,主动为客人递碟。食品台要有专人服务,随时添加菜肴,添加餐具。

④服务员在餐厅里要勤巡视,巡视过程中不得从正在交谈的客人中间穿行。

⑤宾客进餐过程中,除给宾客送酒品外,还要勤收空杯碟,保持收餐台和其他台面的整洁卫生。注意不可同时送酒又同时收空杯。

⑥主人致辞、祝酒时,派专门的服务员托酒瓶和酒杯,站在主人右侧或跟随主人到各处。另外还要保证每一位客人手中有酒品,以作祝酒之用。

⑦酒会临近结束时,要清点客人所用的酒水,与租用的设备及餐费一起累计总数,作好结账准备。

⑧酒会结束要及时清理现场,检查是否有客人的遗留物品及燃着的烟头。

⑨将各种餐具酒具洗净擦干后交管事部保管或清洁后入餐具柜。搞好清洁卫生,恢复餐厅原来布局及陈设,关闭电源、门窗后下班。

[拓展知识]

个人在参加酒会时,既要了解酒会形式松散的特点,又要认真对待参加酒会所必备的礼仪,了解酒会的餐序、取食规则和各种禁忌,这样才能体现出自身的良好素质,达到社交成功的目的。

一、掌握餐序

酒会一般以酒水为主,食品从简,餐序不像正式宴会那么烦琐,但用餐时,依照合理顺序进行,既能保证自己吃饱吃好,又使自己不失风度,免出洋相。

标准的酒会餐序依次为:开胃菜、汤、热菜、点心、甜品、水果,也有很多酒会不备热菜。鸡尾酒可以在餐前或吃毕甜品时喝。

酒会上用餐,切忌大吃大喝,最好做到合理搭配,取食有度。

二、排队取食

在酒会上用餐时,无论是去餐台取菜,去酒吧添酒,还是从侍者的托盘中取酒,都应做到礼貌谦让,遵守秩序,排队按顺时针方向进行拿取。

取食时切忌显得急不可待,吆五喝六,或者加塞儿、哄抢,不顾及他人需求,这既影响了他人进餐,又使自己的形象大打折扣。

三、多次少取

"多次少取"是参加酒会就餐时的一条重要原则。由于酒会采用自助形式,要由宾客自己取食,因此宾客取食时的表现成为其礼仪素养水平的重要表现。取食时,"多次少取"是取食礼仪的关键所在,意即选取菜肴时,对自己喜爱的食品或其他尚未品尝的食品,都要每次只取一点,不够可以下次再取。取回的食品必须全部吃完。切忌过分贪婪,吃相不雅。大取特取,或是铺张浪费,都会给人留下不好的印象。

四、禁止外带

酒会上一般酒水和食品供应充足,宾客可按自己需要享用,但这只限于在酒会之上,绝对不可"吃不了兜着走",或"顺手牵羊",将食物和酒水等带走,那样是非常失礼的。

[实践园]

对前置作业中所设计的酒会进行进一步的改进。

任务十五 送餐服务

客房送餐服务是星级酒店为方便客人,减轻餐厅压力,体现酒店服务档次而设立的服务项目之一。

客房送餐服务,包括各种酒类、冷热饮料服务,以及早餐、午餐、晚餐的菜肴食品服务。酒店总经理赠送给 VIP 客人的花篮、水果篮、生日蛋糕、礼物等也是由送餐部负责派人送入房内。

〖前置作业〗

小型辩论赛——酒店是否应该提供客房送餐服务

活动:以小组为单位进行客房送餐服务知识的收集和学习。

要求:在课堂上以辩论赛的形式分别扮演正方和反方,阐述客房送餐对于酒店和客人的利弊。

〖相关知识〗

一、收早餐"门把手菜单"程序

"门把手菜单"是指为了方便客人而挂在门把上的一种纸质菜单,上面列有各种菜肴、饮料、各式套餐的名称、价格和供应时间。宾客订餐时,只需简单地在菜点名称前的小方格内打"√"便可。"门把手菜单"收取的程序是:

①到楼层收订单,此项工作由夜班服务员完成,通常在 1:00 点钟、4:00 点钟各收一次。

②收取时,按房间号从小到大的顺序走到尽头,看到房间门口的菜单即取下并核对房间号码,同时再次写清房间号码。

③由房间号从大到小的顺序返回起点,沿途再次检查有无遗漏的订单。

④服务员收齐订单后交订餐员,由订餐员核对房间号码是否一致。

⑤将订餐时间、房间号码、数量及特殊要求抄写到订餐记录单上。

⑥提前打印好账单,交给当班服务员领班。

二、电话订餐及送餐程序

①当接到订餐电话时,首先要记下客人的房号、时间、所需菜点、饮料的名称和数量,然后要复述客人所点的菜式,并告诉客人送餐大致所需要的时间。结束前别忘了向宾客表示感谢。

②将订餐单及时输入电脑,打出账单后连同订餐单一起交给送餐员。

③送餐员配好餐具,做好送餐的准备工作,待厨房做好菜品后,装入托盘或保温车内,由送餐员按规定路线送至客人房间。

④送餐到房间时,轻敲房门,待客人开门后,微笑地向客人问好,并以客人姓氏称呼客人。

⑤进入房间后放下托盘或打开餐车,整理食品,熄灭酒精蜡,从热箱中取出食品并按西餐规格摆放好。

⑥准备好以后,揭开餐碟盖,指示食品,介绍菜名,并询问客人是否还有其他

需要。

⑦准备好账单并问清付款方式,如果是签单,就要把笔连同账单递给客人签署。注意对照账单上的房号有没有错漏。需找零的账单,要迅速交订餐单给收款员结算,在3分钟之内把底单及零钱交还给客人。

⑧离开房前礼貌地询问客人回收餐具的时间,或请客人打电话到送餐部。

⑨收餐时,动作要轻、快速,并检查餐具有没有遗漏。

【实践园】

请与你的同学用英文模拟客房送餐服务的整个流程。

项目小结

西餐服务源于欧洲贵族家庭,经过多年的发展演变,各国各地的服务方式及摆台方法略有差异。每一种方式都是为不同情况下产生的特殊要求所设计的,因此应根据不同的对象选择一种适合餐厅风格的服务方式。

【项目评价】

项目学习结果评价

班级＿＿＿＿＿＿＿＿　　小组名称＿＿＿＿＿＿＿＿　　日期＿＿＿＿＿＿＿＿

项 目 评 价	学习表现	知识掌握	知识应用	小组讨论
西餐摆台				
迎宾				
点菜				
推销酒水				
席间服务				
备注	评价等级为优、良、中、差四等			

参考文献

[1] 郭敏文,樊平. 餐饮服务与管理[M]. 北京:高等教育出版社,2001.

[2] 广东省中等职业学校教材编写委员会. 餐饮服务[M]. 广东:广东科技出版社,2008.

[3] 姜文宏,王焕宁. 餐饮服务技能综合实训[M]. 北京:高等教育出版社,2004.

[4] 劳动和社会保障部中国就业培训技术指导中心. 餐厅服务员[M]. 北京:中国劳动社会保障出版社,2002.

[5] 牛志文. 中、西餐厅服务员职业技能培训[M]. 北京:电子工业出版社,2008.

[6] 毛慎琦. 餐饮服务技能实训[M]. 北京:机械工业出版社,2008.

[7] 单慧芳,李艳. 餐饮服务与管理[M]. 北京:电子工业出版社,2009.

[8] 姜玲,贺湘辉. 中餐服务员工作手册[M]. 广州:广东经济出版社,2007.

[9] 郭剑英. 餐饮服务[M]. 湖南:湖南科学技术出版社,2005.